KB266193

새벽수업

세상이 모두 잠든 시간에 진정한 나를 만나는
인생 제 2막 수업

단희쌤의

새벽
수업

단희쌤(이의상) 지음

모티브

누군가의 새벽을 바꿔준 이 책을,
이제 당신의 새벽을 바꿔줄 한 사람에게 건넵니다.

❋ **이 책을 건네는 사람**

❋ **이 새벽을 함께하고 싶은 사람**

❋ **이 책을 건네며 하고 싶은 말**

❋ **당신의 새벽이 시작되기를 바라는 날**

　　　년　　　월　　　일

"당신의 새벽에도 빛은 찾아올 겁니다.
다만, 눈을 떠야 볼 수 있습니다."

이 책의 감정 지도

어둠에서 시작해, 새벽을 지나, 빛에 도달하는 여정

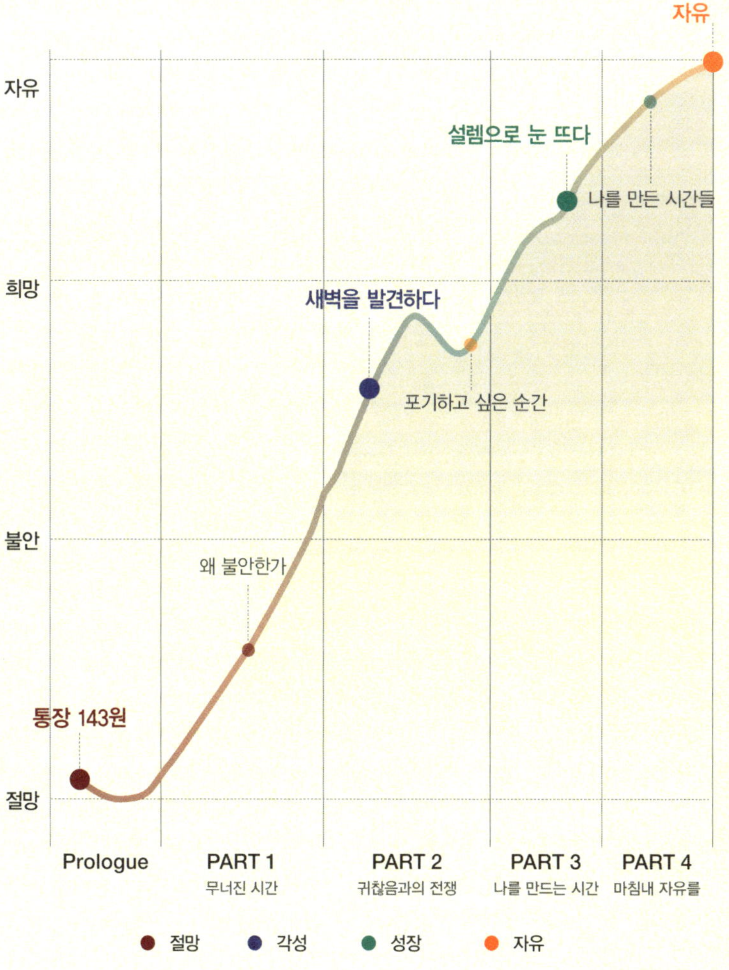

"새벽은 배신하지 않는다."

「단희쌤의 새벽 수업」

살고 싶었다.
그래서 인천행 새벽 기차를 탔다

2003년 12월.

창밖에는 눈이 내리고 있었습니다.

저는 영등포의 허름한 고시원에서 천천히 죽어가고 있었습니다. 몸 하나 겨우 누일 수 있는 좁은 방. 누우면 발이 벽에 닿았고, 옆방의 숨소리까지 들렸습니다. 창문 하나 없는 그곳에서 저는 매일 아침, 희망 대신 절망을 마주하며 눈을 떴습니다.

마흔을 코앞에 둔 나이였습니다.

한때는 대기업 직원이기도 했습니다. 하지만 10년의 나태함과 준비 없는 창업은 처절한 실패로 돌아왔습니다. 남은 것은 사채 빚과 절망뿐이었습니다. 매일 새벽 인력시장에 나가 막노동을 했지만, 그것으로는 하루를 버텨낼 힘조차 얻기 어려웠습니다.

그리고 아버지가 돌아가셨습니다.

'엄마를 잘 부탁한다.'

아버지의 마지막 유언이었습니다. 그 말씀이 아니었다면, 솔직히 저는 이미 이 세상 사람이 아니었을지도 모릅니다. 제대로 치료해드리지 못했다는 죄책감이 매일 밤 저를 나락으로 끌어내렸습니다.

살아야 했습니다. 하지만 방법을 몰랐습니다.

그렇게 모든 것이 무너져 내리던 어느 날이었습니다. 고시원 공용 화장실에 누군가 버려둔 신문 조각이 눈에 들어왔습니다.

'한 달 내에 잃어버린 당신의 자신감을 찾아드립니다.'

조잡한 광고 문구였습니다. 하지만 그 순간, 지푸라기라도 잡고 싶었습니다.

살고 싶었습니다.

저는 그 광고를 오려내고 인천에 있는 학원에 전화를 걸었습니다. 수업은 매주 일요일 오전 7시. 영등포에서 인천까지 가려면 새벽 4시에는 일어나야 했습니다.

2004년 1월 4일. 새해 첫 일요일 새벽 4시.

그해 겨울은 유난히 추웠습니다. 소한(小寒)을 앞둔 1월의 새벽바람은 마치 차가운 유리가 맨살을 베는 듯했습니다. 남들은 곤히 잠든 시간, '이런다고 뭐가 달라질까?' 하는 회의감이 밀려왔습니다.

하지만 어제와 똑같이 살면 내일도 똑같이 절망스러울 것이라는 사실이 더 두려웠습니다.

저는 1호선 인천행 첫차에 몸을 실었습니다.

텅 빈 지하철 안, 창밖은 칠흑 같은 어둠이었습니다. 이상하게도 며칠 전까지 죽음을 생각하던 제 심장이 뜨겁게 뛰고 있었습니다.

강의실 문을 열었을 때, 저는 충격에 빠졌습니다. 15명 남짓한 사람들이 미친 듯이 소리치고 있었습니다.

"저는 꼭 성공하고 싶습니다!" "나는 생각하는 모든 것을 현실로 만드는 힘이 있습니다!"

사이비 종교 같았습니다. 누군가 외치면 나머지 사람들은 기립 박수를 치며 화답했습니다.

"당신은 멋집니다!" "당신은 꼭 해낼 겁니다!"

어안이 벙벙했습니다.

하지만 그곳에 모인 사람들 역시 저와 같았습니다. 인생의 벼랑 끝에 선 사람들이었습니다. 자살을 시도했던 사람, 모든 것을 잃고 마지막이라 생각하고 온 사람. 그들의 절박한 외침 속에서 멈춰 있던 제 심장도 조금씩 다시 뛰기 시작했습니다.

그 후로 5개월간, 저는 단 한 번도 빠지지 않고 인천행 새벽 기차를 탔습니다.

5개월이 지나고 깨달은 것이 있습니다. 저를 변화시킨 것은 그들의 응원이나 성공학 이론이 아니었습니다.

저를 바꾼 진짜 힘은, 매주 차가운 새벽 공기를 가르며 스스로 일어나 기차에 몸을 실었던 '저의 행동' 그 자체였습니다.

새벽에 일어나 창밖으로 해가 떠오르는 것을 보는 순간부터, 제 안의 절망은 조금씩 치유되기 시작했습니다.

그것이 제 인생을 송두리째 바꾼 '새벽'의 시작이었습니다.

그로부터 20년이 넘는 시간이 흘렀습니다.

저는 여전히 매일 새벽 4시 30분에 일어납니다.

쪽방촌에서 막노동을 하던 저는 이제 없습니다. 저는 시간의 자유와 경제적 자유를 얻었고, 수십만 명에게 희망을 전하는 '단희쌤'이 되었습니다.

많은 분이 제게 묻습니다. 어떻게 그 밑바닥에서 다시 일어섰냐고.

저의 대답은 언제나 같습니다.

"새벽에 모든 답이 있었습니다."

이 책은 단순히 일찍 일어나는 법에 대한 이야기가 아닙니다. 새벽이라는 시간이 어떻게 무너진 한 사람을 다시 세웠는지, 그 처절한 기록이자 솔직한 고백입니다.

인천행 새벽 기차는 생명의 불씨가 꺼져가던 저를, 다시 살 수 있는 곳으로 데려다 주었습니다.

이제 이 책이 당신을 그곳으로 데려다 주었으면 합니다.

（contents）

PART 2
귀찮음과의 전쟁
실패하지 않는 새벽 습관

PART 3

나를 만드는 시간

새벽에 무엇을 할 것인가

PART 4

마침내 자유를

새벽이 선물한 인생 2막

epilogue

특별 부록

PART 1

무너진 시간
왜 우리는 여전히 불안한가

"이대로 괜찮은 걸까?"

밤 11시. 잠자리에 누웠는데 잠이 오지 않습니다. 옆에서는 가족이 곤히 잠들어 있습니다. 집 안은 조용합니다. 피곤한 하루였으니 눈을 감으면 금방 잠들어야 하는데, 머릿속이 멈추질 않습니다. '이 월급이 언제까지 나올까.' '정년 뒤에 나는 뭘 하고 살지.' '아이들 등록금은 어떻게 하지.' '지금 시작하기엔 너무 늦은 건 아닐까.' 천장을 바라봅니다. 답은 나오지 않습니다. 이 생각을 언제부터 했는지도 모르겠습니다. 반 년 전에도, 1년 전에도, 어쩌면 5년 전에도 이 천장을 보며 비슷한 생각을 했을 겁니다. 달라진 건 아무것도 없습니다. 이 불안의 정체가 무엇인지, 저도 한때는 몰랐습니다. 그냥 막연하게 불안했습니다. 왜 불안한지, 무엇이 문제인지, 어디서부터 손을 대야 하는지 알 수 없었습니다. 하지만 모든 것을 잃어본 뒤에야, 그 불안의 뿌리가 보이기 시작했습니다. 지금부터 그 이야기를 하려 합니다. 불안하신 분만 읽으시면 됩니다. 이 파트를 펼치기 전에, 솔직하게 한번 돌아보시길 바랍니다.

지금의 나는…

☐ 밤에 잠들기 전, 이유 모를 불안이 찾아올 때가 있다

☐ 1년 전과 지금이 크게 달라진 것이 없다

☐ 명함이 없으면 나를 소개하기 어렵다

☐ 퇴근 후에는 아무것도 할 기력이 남지 않는다

☐ '이대로 괜찮은 걸까'라는 생각을 한 달에 한 번 이상 한다

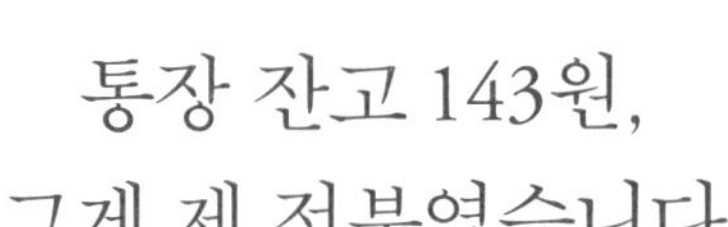

통장 잔고 143원,
그게 제 전부였습니다

새벽 두 시에 통장을 확인한 적이 있습니다.

143원.

화면을 보며 한참을 웃었습니다. 웃음이 나올 상황이 아니었는데, 그냥 웃음이 났습니다. 울어야 맞는 건데, 눈물이 나오지 않았습니다. 너무 바닥까지 내려가면 슬픔조차 느끼지 못한다는 걸, 그때 처음 알았습니다.

영등포 고시원. 방 크기는 한 평 남짓이었습니다.

누우면 발이 벽에 닿았고, 돌아누우면 팔꿈치가 문에 부딪혔습니다. 환기구 하나 없는 방 안 공기는 항상 퀴퀴했습니다. 여름에는 찜통이었고, 겨울에는 냉장고였습니다. 복도 끝 공용 화장실까지 걸어가는 길에 매일 다른 사람의 기침 소리, 신음 소리가 들려왔습니다.

그곳이 제 집이었습니다. 불과 몇 년 전까지만 해도, 저는 대기업 명함을 가진 사람이었습니다. 매달 꼬박꼬박 월급이 들어왔고, 주말이면 친구들과 술 한잔 기울이며 세상 부러울 것 없이 살았습니다.

그때의 저에게 미래란, 그냥 오는 것이었습니다.

준비하지 않아도 괜찮다고 생각했습니다. 회사가 있으니까. 월급이 있으니까. 10년 동안 자기계발이라곤 하지 않았습니다. 책 한 권 읽지 않았습니다. 주말이면 소파와 한 몸이 되어 TV 리모컨만 돌렸습니다.

지금 생각하면, 그때 저는 서서히 죽어가고 있었습니다. 다만, 그걸 몰랐을 뿐입니다.

회사를 나와 사업을 시작했을 때, 세상은 곧바로 청구서를 보내왔습니다. 10년간 아무것도 준비하지 않은 사람에게 시장은 잔인했습니다. 스스로 가치를 만들어야 하는데, 만들 줄을 몰랐습니다. 누군가 시키는 일에만 익숙했던 저는, 야생에 풀려난 동물원의 동물 같았습니다.

사업은 실패했고 빚만 남았습니다. 가정도 무너졌습니다.

그렇게 떠밀리듯 고시원으로 왔습니다. 고시원 생활에서 가장 힘들었던 건, 사실 돈이 없는 것이 아니었습니다.

아침에 눈을 떴을 때 '오늘 하루를 살아야 할 이유'를 찾지 못하는 것. 그것이 가장 무서웠습니다. '나'라는 사람의 가치가 완전히 사라진 느낌. 누구에게도 필요하지 않고, 아무것에도 쓸모없다는 감각. 그것은 가난보다 훨씬 깊은 곳에서 저를 갉아먹었습니다.

왜 이 이야기를 하냐고요?

이 책을 읽고 계신 분 중에도, 지금 비슷한 불안을 느끼시는 분이 계실 거라 생각해서입니다. 물론 고시원까지 떨어지신 건 아닐 겁니다. 아마 지금도 직장에 다니고 계시고, 매달 월급도 나올 겁니다. 겉으로 보면 아무 문제없는 삶을 살고 계실지도 모릅니다.

하지만 밤에 잠들기 전, 천장을 보며 이런 생각을 하신 적은 없습니까. '이 월급이 언제까지 나올까.' '정년이 지나면 나는 뭘 하고 살지.' '이렇게 사는 게 정말 괜찮은 건가.' 그 불안, 저도 압니다.

30대의 저는 그 불안을 외면했습니다. '아직 괜찮겠지'라며 미뤘습니다. 그 대가는 10년이 넘는 지옥이었습니다.

지금 이 글을 읽고 계신 분들에게 제가 감히 한 가지만 말씀드리고 싶습니다.

그 불안은, 당신이 잘못 살고 있어서 오는 게 아닙니다. 오히려 그 반대입니다. 불안을 느낀다는 것은, 아직 당신 안에 '더 나은 삶을 살고 싶다'는 불씨가 살아 있다는 뜻입니다. 이미 포기한 사람은 불안조차 느끼지 않습니다.

저도 그랬습니다. 정말로 포기했을 때는 아무것도 느끼지 못했습니다. 통장의 143원을 보고 웃었던 그때처럼요. 불안이 찾아왔다면, 그건 아직 늦지 않았다는 신호입니다.

다만, 중요한 것이 하나 있습니다.

그 불안을 느꼈으면서도 아무것도 하지 않으면, 불안은 사라지지 않습니다. 시간이 지나면 불안은 체념이 되고, 체념은 무기력이 되고, 무기력은 후회가 됩니다.

저는 40대에 그 과정을 온전히 겪었습니다. 그래서 이 이야기를 지금 하는 겁니다. 쪽방촌의 저와, 지금 이 글을 읽고 계신 당신 사이에는 아마 큰 차이가 있을 겁니다. 하지만 '뭔가를 바꿔야 한다는 것은 아는데, 어디서부터 시작해야 할지 모르겠다'는 그 막막한 마음만큼은 같지 않을까 합니다.

저는 그 막막함의 한가운데에서, 아주 작은 실마리 하나를 발견했습니다.

새벽이었습니다.

다음 장에서, 제가 왜 그 실마리를 새벽에서 찾았는지 이야기하겠습니다. 10년간 아무것도 하지 않았던 사람이, 어떻게 달라지기 시작했는지.

제 이야기가 당신에게도 작은 힘이 되었으면 합니다.

지금 당신이 느끼는 불안의 가장 큰 원인은 무엇입니까?

"불안은 잘못 살아서 오는 것이 아니라,
아직 포기하지 않았다는 신호다."

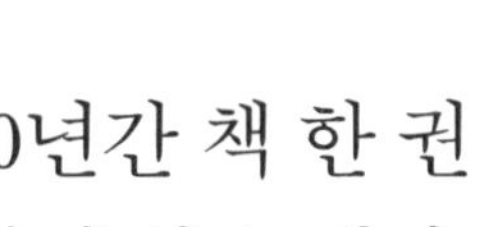

10년간 책 한 권
읽지 않은 내가

——— 부끄러운 고백 하나를 하겠습니다.

저는 20대 후반부터 30대 후반까지, 정확히 10년 동안 책을 한 권도 읽지 않았습니다.

직장 생활을 하면서 어쩌다 의무적으로 읽었던 업무 매뉴얼 같은 건 있었겠지만, 스스로의 성장을 위해 책을 펼쳐든 기억은 없습니다. 10년이라는 시간이 그렇게 흘러갔습니다.

무엇을 했냐고요? 솔직히 말씀드리겠습니다. 아무것도 하지 않았습니다.

주말이면 소파에 누워 TV를 봤습니다. 가끔 친구들과 술을 마셨습니다. 골프를 치러 갔습니다. 회사에서 시킨 일만 하고, 퇴근하면 본능적인 쾌락에 몸을 맡겼습니다.

그때의 저에게 삶이란, 그냥 흘러가는 것이었습니다.

내가 방향을 정하고 앞으로 나아가는 것이 아니라, 주어진 환경이 이끄는 대로 떠내려가는 것. 아침에 눈을 뜨면 출근하고, 퇴근하면 쉬고, 월급이 들어오면 쓰고. 다람쥐 쳇바퀴 같았지만, 그 안에 있을 때는 그걸 몰랐습니다.

아니, 알았는지도 모릅니다. 다만 애써 외면했던 겁니다. '아직 젊으니까', '내일 하면 되니까'라는 말을 반복하면서요.

그 10년이 저에게 남긴 것은, 아무것도 없었습니다.

정말 아무것도요.

연봉이 올랐습니까? 올랐을 겁니다. 하지만 그 돈은 쓴 만큼 사라졌습니다. 경력이 쌓였습니까? 회사 안에서의 경력이었지, 밖에 나오면 아무 쓸모가 없었습니다. 전문성이 생겼습니까? 시키는 일만 했으니, 스스로 만들어낼 수 있는 것이 없었습니다.

10년 동안 저는 '소비자'였습니다. 시간의 소비자, 돈의 소비자, 삶의 소비자. 무언가를 만들어내거나 축적한 것이 없었습니다.

그리고 사업에 실패한 뒤에야 깨달았습니다. 지하철에서

본 문구 하나가 제 뒤통수를 세게 때렸습니다.

'가장 큰 문제는 현재의 쾌락을 좇기 위해 미래를 준비하지 않는다는 데 있다.' 바로 제 이야기였습니다.

고시원 좁은 방에서 천장을 바라보며 생각했습니다. 왜 나는 여기까지 떨어졌을까. 운이 나빠서? 능력이 부족해서? 사업 아이템이 안 좋아서?

아니었습니다. 10년 동안 아무것도 준비하지 않았기 때문이었습니다.

이 깨달음이 단순해 보일 수 있습니다. 하지만 그때 저에게는 그 문구가 벼락처럼 다가왔습니다. 사업 실패도, 빚도, 이혼도, 결국 하나의 뿌리에서 나온 것이었습니다. 10년간의 게으름. 10년간의 무관심. 나 자신에 대한 10년간의 방치.

지금 이 글을 읽으시는 분들 중에도, 퇴근 후의 시간을 SNS를 하거나 유튜브 영상을 보는데 소비하는 분이 계실 겁니다. 아마 대부분 그러실 겁니다. 저도 지금 유튜브를 하는 사람이니, 이게 좀 아이러니하긴 합니다만.

다만 한 가지 여쭤보고 싶습니다.

지금 이 순간, 밤 11시에 잠들기 전 스마트폰을 내려놓고 조용히 생각해 보신다면, 지난 1년 동안 나 자신을 위해, 나의 미래를 위해 투자한 시간이 얼마나 되십니까?

그 질문에 선뜻 대답하기 어려우시다면, 저와 같은 길을 걷고 계신 건 아닌지 한번 돌아보셨으면 합니다.

오해하지 마십시오. 이건 비난이 아닙니다. 저 자신에게 하는 말입니다. 30대의 저에게 하지 못했던 말을, 지금 이렇게나마 하고 있는 겁니다. 당시 누군가 저에게 이 이야기를 해줬다면, 어쩌면 고시원까지 가지 않았을지도 모릅니다.

10년의 방종은, 그 뒤 10년 넘는 고통으로 돌아왔습니다.

대가는 항상 지연되어 청구된다는 걸, 저는 몸으로 배웠습니다. 하지만 한 가지 다행인 것은, 반대도 마찬가지라는 점입니다.

지금부터 시작하는 작은 투자도, 그 결실은 반드시 찾아옵니다. 다만, 조금 늦게 도착할 뿐입니다.

제가 새벽에 일어나기 시작한 뒤 처음 3개월은 아무 일도 일어나지 않았습니다. 6개월이 지나서야 조금씩 변화가 보이기 시작했습니다. 하지만 3년이 지났을 때, 저는 완전히 다른 사람이 되어 있었습니다.

10년의 게으름이 인생을 무너뜨렸다면, 매일의 새벽이 인생을 다시 세웠습니다. 이것은 특별한 사람의 이야기가 아닙니다. 10년간 책 한 권 읽지 않았던 사람, 소파와 한 몸이었던 사람이 이렇게 달라질 수 있었습니다.

당신은 저보다 훨씬 빨리, 훨씬 멀리 갈 수 있을 겁니다.

지난 1년간, 나 자신의 미래를 위해 투자한 시간은 얼마나 됩니까?

"대가는 항상 지연되어 청구된다.
투자도 마찬가지다."

명함을 빼면
당신에게 무엇이 남습니까

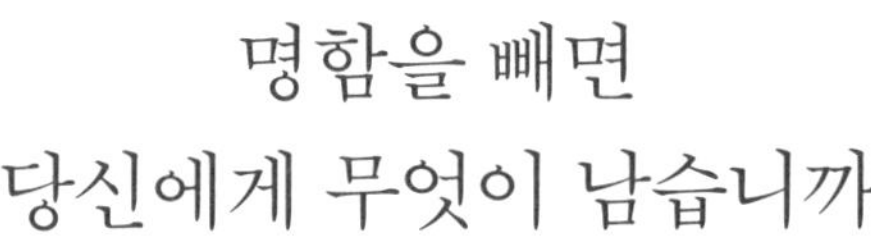

──────── 28살, 턱걸이로 공채에 합격하던 날을 아직 기억합니다.

어머니는 우셨고, 아버지는 말없이 제 어깨를 두드리셨습니다. 동네 삼촌들이 모여 소주를 돌리며 "우리 의상이가 대기업에 들어갔다"고 축배를 들었습니다.

그날 저는 인생의 성공을 거머쥔 줄 알았습니다. 명함을 처음 받던 날의 기분을 아십니까. 번듯한 회사 로고 아래 제 이름이 찍혀 있었습니다. 그 작은 종이 한 장이 저를 '쓸모 있는 사람'으로 만들어주는 것 같았습니다. 명함을 건넬 때마다 상대방의 표정이 달라지는 것을 보며, 저는 이 울타리가 영원할 거라 착각했습니다.

10년이 흘렀습니다. 조직에서 밀려났을 때, 제가 가장 먼저 한 일은 새 명함을 만드는 것이었습니다. '대표'라는 직함을 넣어서요. 웃기지 않습니까. 직원도 없고 사무실도 없었는데, 명함부터 만들었습니다. 돌이켜보면, 저는 명함 없는 제가 두려웠던 겁니다.

'이의상'이라는 사람에게서 회사 이름과 직함을 빼면, 대체 무엇이 남는가. 그 질문이 무서웠습니다. 대답할 수 없었으니까요.

10년 동안 회사가 시키는 일만 했습니다. 누군가 정해준 업무를 처리하는 데는 익숙했지만, 스스로 무언가를 기획하고 만들어본 적은 없었습니다. 회사 밖에서 제 이름 석 자로 할 수 있는 일이 무엇인지, 한 번도 생각해 보지 않았습니다.

저는 10년 동안 '직장인'이었지, '직업인'이 아니었습니다. 이 차이가 얼마나 큰 것인지, 회사를 나온 뒤에야 비로소 알게 되었습니다.

직장은 누군가의 시스템 안에서 제 시간을 파는 것이었습니다. 월급이라는 안정적인 대가가 있었지만, 그 대가는 제가 그 자리에 앉아 있을 때만 유효했습니다. 자리를 비우는 순간,

아무것도 남지 않았습니다. 저 대신 다른 사람이 앉으면 그만이었습니다.

그러나 직업은 다릅니다. 직업은 제 이름으로 가치를 만드는 것입니다. 명함이 없어도, 소속이 없어도, 제가 가진 경험과 지식 자체가 자산이 되는 것. 누구도 대체할 수 없는, 오롯이 제 것인 일. 직장에는 정년이 있지만, 직업에는 정년이 없습니다. 제가 원하는 한, 평생 현역으로 살 수 있습니다.

사업에 실패한 근본적인 이유도 여기에 있었습니다.

저는 '직장인 마인드'에 갇혀 있었습니다. 시키는 일만 하다가 갑자기 야생에 풀려났으니, 사냥을 할 줄 몰랐던 겁니다. 월급을 받는 데 길들여진 사람이, 스스로 돈을 만들어내는 법을 배운 적이 없었으니, 실패는 당연한 수순이었습니다.

지금 이 글을 읽고 계신 분 중에도, 직장에 다니고 계신 분이 많으실 겁니다. 한번 상상해 보시겠습니까. 내일 아침, 회사에서 연락이 옵니다. "죄송합니다만, 내일부터 나오지 않으셔도 됩니다." 갑작스럽지만 불가능한 일이 아닙니다. 이런 일은 매일 누군가에게 일어나고 있습니다.

그 순간, 명함에서 회사 이름과 직함을 지웠을 때, 당신에게는 무엇이 남습니까. '나는 이런 일을 할 수 있는 사람이다'라고 자신 있게 말할 수 있는 무언가가 있습니까.

이 질문에 바로 대답이 떠오르신다면, 당신은 이미 준비가 되어 있는 분입니다. 하지만 만약 머뭇거려지신다면, 지금부터라도 준비하셔야 합니다.

우리는 100세 시대를 살고 있습니다. 50대 중반에 직장을 떠나면, 앞으로 40년이 넘는 시간이 남습니다. 이 거대한 시간을 또 다른 직장을 전전하며 보낼 것인지, 아니면 나만의 직업으로 당당하고 자유롭게 살아갈 것인지.

저는 전자의 삶을 살다가 바닥까지 떨어져 봤고, 후자의 삶을 만들기 위해 새벽을 선택했습니다. 지금 저에게 명함은 없어도 괜찮습니다. '단희쌤'이라는 이름 자체가 제 직업이 되었으니까요. 이것을 만드는 데 15년이 걸렸습니다. 하지만 그 시작은 아주 작았습니다.

새벽에 일어나 책을 읽고, 한 줄을 쓰는 것. 그것이 명함 없이도 살 수 있는 사람이 되는 첫걸음이었습니다.

· 오늘의 질문 ·

회사 이름과 직함을 지웠을 때, 당신은 무엇을 할 수 있는 사람입니까?

◆

"직장은 생존의 수단이지만,
직업은 자유의 무기다."

퇴근 후 남은
20%로는 안 됩니다

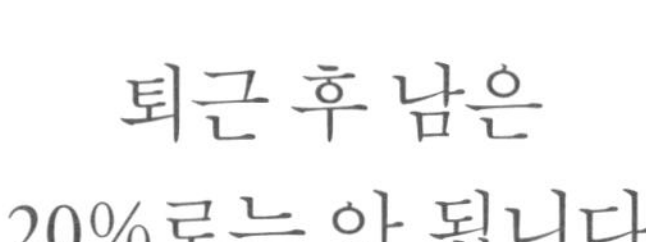

————————— 고시원을 나와 신림동에서 부동산 중개 보조로 일하던 시절이었습니다.

한창 자기계발에 빠져 있을 때, 퇴근 후에 영어 공부를 하겠다고 결심한 적이 있었습니다. 서점에서 영어 교재를 사고, 학원 등록까지 마쳤습니다. 이번에는 정말 해내겠다고 다짐했습니다.

첫날 저녁, 저는 하루 종일 현장을 돌아다닌 뒤 학원 책상에 앉았습니다. 교재를 펼쳤습니다. 첫 페이지를 읽었습니다. 두 번째 페이지를 넘겼습니다.

세 번째 페이지에서 눈이 감겼습니다. 정신을 차려보니 교재 위에 침을 흘리고 있었습니다. 옆자리 학생이 저를 쳐다보고 있었습니다. 그때의 민망함이 아직도 생생합니다.

그 학원에 정확히 세 번 갔습니다. 사흘째 되는 날, 저녁에 비가 왔습니다. '오늘은 비가 오니까 내일 가지 뭐.' 그 '내일'은 끝내 오지 않았습니다. 등록금 30만 원이 그냥 날아갔습니다.

이런 경험이 비단 영어 공부만은 아니었습니다. 헬스장 3개월 등록 — 일주일만 갔습니다. 독서 모임 가입 — 첫 번째 모임만 참석했습니다. 블로그 시작 — 글 두 편을 쓰고 멈췄습니다.

매번 같은 패턴이었습니다. 강하게 결심하고, 며칠 시도하다가, 슬그머니 포기합니다. 그리고 스스로를 탓합니다. '나는 의지가 약한 사람이구나.' '역시 나는 안 되나 봐.' 한동안 저는 정말 그렇게 믿었습니다. 제가 게으르고 의지가 약해서 매번 실패하는 거라고요.

하지만 지금은 압니다. 의지의 문제가 아니었습니다. 시간의 문제, 정확히 말하면 에너지의 문제였습니다.

가만히 생각해 보면 이해가 됩니다. 아침부터 저녁까지, 우리는 하루의 모든 에너지를 직장에 쏟아붓습니다. 상사와의 갈등, 고객 응대, 끝없는 회의, 크고 작은 의사결정들. 이런 것들이 하나하나 에너지를 깎아먹습니다.

만약 아침에 일어났을 때 에너지가 100이라면, 퇴근할 때쯤 남아 있는 건 많아야 10에서 20 정도입니다. 그 상태에서 집에 와서 자기계발을 합니다. 지친 몸을 이끌고 책상 앞에 앉습니다. 눈은 활자를 따라가지만 머리에 들어오는 건 없습니다. 30분을 붙잡고 있어도 집중이 안 됩니다. 결국 '오늘은 피곤하니까 내일 하자'며 스마트폰을 집어 듭니다.

이것이 우리의 저녁입니다. 가장 중요한 일을 가장 나쁜 컨디션으로 하고 있었던 겁니다.

비유하자면 이렇습니다. 연료가 거의 바닥난 자동차로 서울에서 부산까지 가겠다고 출발하는 것과 같습니다. 조금 가다가 멈추는 건 당연합니다. 운전 실력이 나빠서가 아니라, 연료가 없어서 못 가는 겁니다.

저도 똑같았습니다. 영어 학원에서 침을 흘리며 잠든 건, 제 의지가 약해서가 아니라, 하루 종일 에너지를 다 쓴 뒤 찌꺼기로 공부하려 했기 때문이었습니다. 헬스장에 안 간 것도, 블로그를 포기한 것도, 다 같은 이유였습니다.

제가 만난 수많은 분들도 마찬가지셨습니다. 새해 결심을 세우고, 책을 사고, 학원을 등록합니다. 전부 퇴근 후에요. 그리고 전부 작심삼일로 끝납니다.

제가 그분들에게 꼭 드리는 말씀이 있습니다. 당신이 실패한 건, 게으르기 때문이 아닙니다. 전략이 틀렸던 겁니다.

가장 중요한 일에, 가장 좋은 에너지를 써야 합니다. 이건 너무나 당연한 원리인데, 우리는 정반대로 하고 있었던 겁니다. 하루 중 가장 맑고, 가장 에너지 넘치는 시간을 회사에 바칩니다. 그리고 나 자신을 위해서는 남은 찌꺼기만 씁니다.

이상하지 않습니까. 가장 순도 높은 에너지를 남의 성공을 위해 쏟아붓고, 정작 내 인생을 위해서는 바닥난 연료로 버티려 합니다. 저는 이 순서를 뒤집었을 때, 모든 것이 달라지기 시작했습니다.

쪽방촌에서 겨우 벗어나 중개 보조로 일하던 그 시절, 저는 퇴근 후가 아니라 출근 전으로 시간을 바꿨습니다. 새벽에 일어나서, 에너지가 100인 상태에서, 나를 위한 일을 먼저 했습니다.

같은 사람이, 같은 일을, 다른 시간에 했을 뿐입니다. 그런데 결과가 완전히 달랐습니다.

저녁에 3시간을 붙잡고 해도 안 되던 일이, 새벽에는 1시간 만에 끝났습니다. 머릿속이 맑으니까 집중이 됐고, 집중이 되니까 결과물이 나왔고, 결과물이 나오니까 재미가 붙었습니다.

퇴근 후의 3시간은 저를 지치게 만들었지만, 새벽의 1시간은 저를 살아 있게 만들었습니다. 지금도 가끔 그때를 떠올립니다.

영어 학원 책상에서 침 흘리며 잠들었던 저와, 새벽 4시 30분에 일어나 글을 쓰는 저는 같은 사람입니다. 달라진 건 의지가 아니라 시간이었습니다.

에너지가 100일 때 시작하느냐, 20일 때 시작하느냐. 이 작은 차이가, 결국 모든 것을 바꿨습니다.

당신의 가장 좋은 에너지를 누구를 위해 쓰고 있습니까?

"달라진 건 의지가 아니라 시간이었다."

그 새벽,
저는 살기 위해 일어났습니다

———— 인천에서 돌아오는 막차 안이었습니다.

새벽 모임에 다니기 시작한 지 두 달쯤 됐을 때였습니다. 일요일 저녁, 텅 빈 지하철에 혼자 앉아 있었습니다. 창밖으로 불 꺼진 건물들이 스쳐 지나갔습니다.

문득 이런 생각이 들었습니다. '나는 왜 매주 이 기차를 타는 걸까.' 강의 내용이 대단해서가 아니었습니다. 솔직히 말하면, 거기서 배운 성공학 이론은 지금 대부분 기억나지 않습니다. 사람들이 서로 응원하며 외치던 말도, 그 자체로 제 인생을 바꿔준 건 아니었습니다.

그런데 저는 계속 갔습니다. 비가 와도 갔고, 눈이 와도 갔습니다. 5개월간 단 한 번도 빠지지 않았습니다.

그날 막차 안에서, 저는 그 이유를 처음으로 정확하게 깨달았습니다. 제가 매주 인천행 기차를 탄 진짜 이유는, 모임에 가기 위해서가 아니었습니다.

새벽에 일어나기 위해서였습니다. 모임은 구실이었고, 진짜 변화는 새벽 4시에 눈을 뜨는 그 순간에 일어나고 있었습니다.

생각해 보면, 그때 제 하루는 이랬습니다. 새벽에 인력시장에 나가 막노동을 하거나, 이런저런 아르바이트를 뛰었습니다. 하루 종일 누군가의 지시를 따르며 몸을 혹사한 뒤, 고시원 방에 돌아오면 남는 건 피로와 절망뿐이었습니다.

낮 시간은 온전히 '생존'에 바쳐야 했습니다. 저녁은 앞서 이야기한 대로, 찌꺼기 에너지만 남아 있었습니다. 저는 하루 중 단 한 시간도 '나를 위한 시간'을 갖지 못하고 있었습니다.

새벽만이 유일한 예외였습니다.

세상이 아직 잠들어 있는 그 시간. 아무도 저에게 무언가를 요구하지 않는 시간. 사채업자도, 인력시장 반장님도, 고시원 주인아저씨도 아직 자고 있는 시간. 그 고요한 틈 사이에서만, 저는 '막노동꾼 이의상'이 아니라 그냥 '나'일 수 있었습니다.

처음에는 그걸 의식하지 못했습니다. 그냥 일요일 모임에 가야 하니까 일어났을 뿐이었습니다. 그런데 이상한 일이 벌어지기 시작했습니다.

일요일뿐 아니라, 다른 날에도 자연스럽게 새벽에 눈이 떠지기 시작한 겁니다. 모임이 없는 날에도요. 몸이 먼저 기억한 것 같았습니다. 이 시간이 좋다는 걸.

수요일 새벽, 아무 이유 없이 눈이 떠졌습니다. 고시원 방에 가만히 앉아 있었습니다. 할 일이 없었습니다. 그래서 그냥 앉아 있었습니다.

그런데 이상하게도, 마음이 고요했습니다.

낮에는 한시도 멈추지 않는 불안이, 새벽에는 조금 잠잠해졌습니다. 좁은 방이 그렇게 답답하지 않았습니다. 머릿속이 맑아지는 느낌이 있었습니다. 오랜만에 숨이 편하게 쉬어지는 것 같았습니다. 저는 그때부터 의식적으로 새벽에 일어나기 시작했습니다.

처음에는 그냥 앉아 있었습니다. 그러다가 어느 날 고시원 복도에 누군가 버린 책을 주워 읽었습니다. 그다음에는 서점에서 헌 책을 사다가 새벽마다 읽었습니다. 나중에는 읽은 것을 공책에 적기 시작했습니다.

거창한 계획이 있었던 게 아닙니다. 그냥, 이 시간에 뭐라도 하고 싶었을 뿐입니다. 뒤돌아보면, 그것이 제 인생에서 가장 중요한 선택이었습니다.

새벽을 선택한 것은 제가 똑똑해서가 아닙니다. 다른 선택지가 없었기 때문입니다. 낮에는 돈을 벌어야 했고, 저녁에는 지쳐 쓰러졌으니, 나를 위해 쓸 수 있는 시간은 새벽밖에 남지 않았습니다.

절박함이 저를 새벽으로 밀어넣었고, 새벽이 저를 살렸습니다. 지금 이 이야기를 하는 이유가 있습니다.

당신이 꼭 절박한 상황에 놓여야 새벽을 시작할 수 있다는 말을 하려는 게 아닙니다. 오히려 그 반대입니다. 절박해지기 전에 시작하시라는 겁니다.

저는 모든 것을 잃고 나서야 새벽을 찾았습니다. 선택이라기보다는 몰림이었습니다. 하지만 당신은 아직 선택할 수 있는 위치에 있습니다.

직장이 있고, 가정이 있고, 매달 월급이 들어오는 지금 이 시간이야말로, 새벽을 시작하기에 가장 좋은 때입니다. 울타리가 있을 때 준비해야 합니다. 울타리가 사라진 뒤에 허겁지겁 시작하면, 저처럼 10년을 돌아가게 됩니다.

그리고 그 막차 안에서 깨달은 것이 하나 더 있습니다.

새벽에 일어나는 것은 부지런해지기 위한 게 아니었습니다. 나를 되찾기 위한 것이었습니다.

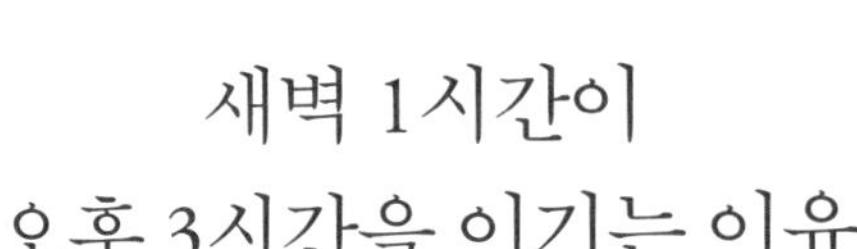

새벽 1시간이
오후 3시간을 이기는 이유

─────── 유튜브를 시작하고 나서의 일입니다.

한번은 영상 기획안을 저녁에 잡아보려고 시도한 적이 있었습니다. 오후 8시쯤 책상에 앉았습니다. 노트북을 열고, 흰 화면을 바라보았습니다.

30분이 지났습니다. 한 줄도 쓰지 못했습니다.

카카오톡 알림이 울렸습니다. 확인했습니다. 뉴스를 잠깐 봤습니다. 다시 화면으로 돌아왔습니다. 10분쯤 고민하다가 유튜브를 열었습니다. '이건 리서치야'라고 스스로를 합리화하며 영상 두 개를 봤습니다. 정신 차려보니 밤 10시였습니다.

두 시간 동안 책상 앞에 앉아 있었지만, 결과물은 하나도 없었습니다. 다음 날 새벽이었습니다. 4시 30분에 일어나 같은 책상에 앉았습니다. 같은 노트북을 열었습니다. 기획안이 40분 만에 나왔습니다.

같은 사람, 같은 책상, 같은 일. 달랐던 건 시간뿐이었습니다. 이런 경험이 한두 번이 아닙니다. 지금도 제 콘텐츠 아이디어의 대부분은 새벽에 만들어집니다. 저녁에 이 일을 하려 했다면, 아마 시작조차 못 했을 겁니다.

처음에는 단순히 '아침이라 덜 피곤해서 그런가 보다' 정도로 생각했습니다. 하지만 나중에 관련 책들을 읽으면서 알게 됐습니다. 이건 기분 탓이 아니라, 우리 뇌가 그렇게 설계되어 있다는 걸요.

잠에서 깨어난 직후의 뇌는, 하루 중 가장 깨끗한 상태입니다. 우리가 자는 동안 뇌는 낮 시간에 쌓인 불필요한 정보와 노폐물을 청소합니다. 아침에 눈을 떴을 때의 뇌는, 밤새 대청소를 마친 방과 같습니다. 먼지 하나 없이 깨끗하고, 무엇이든 올려놓을 준비가 되어 있습니다.

특히 복잡한 사고와 계획을 담당하는 뇌의 앞부분, 전전두엽이라고 하는 곳이 아침에 가장 활발하게 작동한다고 합니다. 그러니까 쉽게 말하면, 우리 머릿속의 사장님이 아침에 제일 또렷하다는 뜻입니다.

반대로 오후의 뇌는 어떤 상태입니까.

하루 종일 수많은 정보를 처리하고, 크고 작은 결정을 내리면서 에너지를 소모한 상태입니다. 이는 인터넷 브라우저에 창을 수백 개 열어놓은 컴퓨터와 비슷합니다. 느려지고, 버벅거리고, 가끔 먹통이 됩니다.

제가 저녁에 두 시간 동안 한 줄도 못 쓴 건, 이미 수백 개의 창이 열려 있는 컴퓨터로 무거운 프로그램을 돌리려 했던 것과 같습니다. 안 되는 게 당연했습니다.

여기에 하나 더 있습니다. 우리가 아침에 눈을 뜨면, 몸에서 코르티솔이라는 호르몬이 분비됩니다. 흔히 스트레스 호르몬으로 알려져 있지만, 아침에 분비되는 코르티솔은 역할이 다릅니다. 잠에서 몸을 깨우고, 집중력을 끌어올리는 천연 각성제 역할을 합니다. 커피 한 잔보다 강력한 집중력 부스터가 우리 몸 안에 이미 장착되어 있는 셈입니다.

이 코르티솔은 기상 직후에 가장 높고, 시간이 지날수록 줄어듭니다. 오후가 되면 바닥을 칩니다. 그래서 점심 먹고 나면 꾸벅꾸벅 조는 거고, 저녁에는 아무것도 하기 싫어지는 겁니다.

그리고 가장 중요한 한 가지.

새벽에는 아무도 나를 방해하지 않습니다.

이게 별것 아닌 것 같지만, 실은 엄청난 차이를 만듭니다. 한번 깊이 집중하고 있는데 전화가 울리면, 다시 원래 상태로 돌아오는 데 평균 20분이 걸린다는 연구가 있습니다. 오후에는 이런 방해가 쉴 새 없이 찾아옵니다. 카카오톡, 전화, 아이들 숙제, 배우자의 부탁. 집중의 실이 끊기고, 다시 잡고, 또 끊기고, 다시 잡고. 그러다 지쳐서 포기합니다.

새벽에는 그런 일이 일어나지 않습니다. 세상이 고요합니다. 전화도 오지 않고, 알림도 울리지 않고, 아무도 저를 찾지 않습니다. 오롯이 저와 제가 하는 일만 존재하는 시간입니다.

정리하면 이렇습니다.

깨끗한 뇌, 코르티솔이 올려주는 집중력, 방해 요소 제로. 이 세 가지가 새벽에 동시에 갖춰집니다. 똑같은 24시간인데, 새벽의 1시간과 오후의 1시간은 밀도가 전혀 다릅니다.

제가 저녁 두 시간에 못 쓴 기획안을 새벽 40분에 끝낸 건 제 능력이 갑자기 늘어서가 아니었습니다. 뇌가 제 편이 되어주는 시간에 일했을 뿐입니다.

이것을 알고 나니, 저녁 시간에 자기계발을 하겠다며 끙끙거리던 과거의 제가 좀 안쓰러워졌습니다. 의지가 약했던 게 아니라, 뇌와 싸우고 있었던 겁니다. 이길 수 없는 싸움이었습니다.

뇌와 싸우지 마십시오.

뇌가 가장 잘 작동하는 시간을 골라서, 그때 가장 중요한 일을 하면 됩니다. 그 시간이 새벽입니다.

풀리지 않는 문제가 있다면, 내일 새벽에 다시 들여다보시겠습니까?

♦

"뇌와 싸우지 마라.
뇌가 편이 되어주는 시간을 골라라."

07

15년째 새벽 4시 30분을 고집하는 이유

———— 가끔 이런 질문을 받습니다.

"이제 경제적으로도 안정되셨는데, 꼭 그렇게까지 새벽에 일어나셔야 하나요?"

일리 있는 말입니다. 쪽방촌에서 살 때는 생존이 걸려 있었으니 절박했습니다. 하지만 지금은 상황이 다릅니다. 굳이 새벽 4시 30분에 일어나지 않아도 누가 뭐라 할 사람은 없습니다.

그런데 저는 여전히 매일 그 시간에 눈을 뜹니다.

왜냐고요.

솔직히 말씀드리면, 처음에는 살기 위해 시작한 것이었는데, 지금은 그 시간이 좋아서 일어납니다.

이게 좀 이상하게 들릴 수 있습니다. 새벽 4시 30분에 일어나는 게 좋다니. 대부분의 사람에게는 벌에 가까운 일일 텐데요.

하지만 15년을 해온 사람의 입장에서 말씀드리면, 새벽은 하루 중 가장 행복한 시간입니다. 매일 밤, 내일 새벽을 기대하며 잠이 듭니다.

여기에는 세 가지의 이유가 있습니다.

첫째, 이 시간이 저를 붙잡아줍니다.

인생은 예측할 수 없습니다. 사업이 잘될 때도 있고 안될 때도 있습니다. 주변 사람이 떠날 때도 있고, 예상치 못한 일이 터질 때도 있습니다. 하루 종일 수많은 변수에 시달리다 보면, 내가 내 삶을 통제하고 있다는 감각을 잃기 쉽습니다. 하지만 새벽 4시 30분은 변하지 않습니다.

남들이 모두 잠든 시간, '조금만 더 자고 싶다'는 유혹을 이기고 자리에서 일어나는 것. 이건 작지만, 하루에서 가장 확실한 승리입니다. 아무도 시키지 않았는데 스스로 선택한 행동입니다. 이 작은 승리가 쌓이면 '오늘 하루도 내가 주도한다'는 자신감이 됩니다.

세상이 아무리 흔들려도, 이 시간만큼은 제가 정한 겁니다. 배의 닻과 같습니다. 바다가 아무리 거칠어도, 닻이 있으면 떠내려가지 않습니다.

저는 30대에 닻 없이 떠돌다가 인생이 난파했습니다. 다시는 그렇게 살고 싶지 않았습니다. 새벽 4시 30분은 제가 매일 아침에 내리는 닻입니다.

둘째, 제가 만드는 모든 것이 이 시간에서 나옵니다.

사람들은 지금의 '단희쌤'을 보며 여러 가지를 이야기합니다. 유튜브가 잘 돼서, 운이 좋아서, 부동산을 잘 알아서.

하지만 저는 압니다. 이 모든 것의 뿌리가 새벽에 있다는 것을. 제가 쓴 책들, 유튜브 영상의 기획안, 사업 아이디어. 이것들의 대부분이 새벽 4시 30분에서 7시 사이에 만들어졌습니다. 이 시간이 없었으면 유튜브는 시작도 못 했을 것이고, 첫 번째 책도 세상에 나오지 못했을 겁니다.

새벽은 제 성장의 엔진입니다.

만약 이 엔진을 끄면 어떻게 될까요. 당장은 편하겠죠. 한 시간 더 잘 수 있으니까요. 하지만 저는 경험으로 압니다. 성장이 멈추면 안정도 오래가지 않는다는 것을. 10년간의 나태함이 어디로 이어졌는지, 저는 온몸으로 기억하고 있습니다.

편한 것과 좋은 것은 다릅니다. 한 시간 더 자는 것은 편한 것이고, 한 시간 먼저 일어나 나를 위해 쓰는 것은 좋은 것입니다.

셋째, 그리고 이게 가장 큰 이유인데요.

이 시간이 행복하기 때문입니다. 이걸 설명하기가 좀 어렵습니다. 새벽 기상을 해보지 않은 분에게 '새벽이 행복하다'고 하면 거짓말처럼 들릴 테니까요.

하지만 사실입니다. 알람이 울리고 눈을 뜹니다. 창문을 엽니다. 차가운 공기가 코끝을 스칩니다. 깊이 숨을 들이마시면, 폐 속 깊은 곳까지 맑은 기운이 차오릅니다. 그 순간, 살아 있다는 감각이 온몸에 퍼집니다.

샤워를 하고 거울을 봅니다. 스스로에게 말합니다.

"음. 아직은 그런대로 괜찮군."

주책이지요. 환갑이 다 되어가는 사람이 거울을 보며 혼자 웃고 있으니. 하지만 이 작은 의식이 의외로 중요합니다. 하루의 시작에 나를 긍정하는 것. 누군가의 인정이나 평가 없이, 스스로 나를 괜찮다고 말해주는 것. 하루 종일 남들의 시선에 시달리며 사는 우리에게, 이 몇 초가 뜻밖의 힘이 됩니다.

그리고 집을 나서면 새벽 공기가 저를 맞아줍니다. 새들이 지저귑니다. 어둠이 서서히 걷히면서 하늘이 변하는 걸 봅니다. 매일 보는 풍경인데, 매일 다릅니다.

이 시간이 싫을 수가 없습니다. 누군가 제게 "모든 것을 잃고 다시 거지가 되어도, 딱 하나 지키고 싶은 습관이 뭔가요?"라고 묻는다면 1초도 망설이지 않겠습니다. 새벽 기상입니다.

처음에는 생존을 위해 시작했습니다. 하지만 지금은 저를 사랑하는 방식이 되었습니다. 그리고 그 사이 15년이라는 시간이 흘렀습니다.

이것이 제가 여전히 새벽 4시 30분을 고집하는 이유입니다.

새벽은 내 영혼과
만나는 시간

어느 새벽이었습니다.

유튜브를 시작한 지 얼마 안 됐을 때였습니다. 영상 조회 수가 잘 나오지 않아 한동안 마음이 무거웠습니다. 이 방향이 맞는 건지, 계속해야 하는 건지, 자신이 없었습니다.

그날도 4시 30분에 눈을 떴습니다. 책상에 앉았는데, 아무것도 하고 싶지 않았습니다. 노트북을 열지 않았습니다. 책도 펴지 않았습니다.

그냥 가만히 앉아 있었습니다. 방 안은 고요했습니다. 시계의 초침 소리만 들렸습니다. 째깍, 째깍. 그 소리를 들으며 눈을 감았습니다.

5분쯤 지났을까요.

어디선가 생각이 떠올랐습니다. 내가 왜 이 일을 시작했지? 조회수 때문이었나? 아니었습니다. 처음에는 그냥, 쪽방촌에서 겨우 빠져나온 제가 겪은 일을 누군가에게 이야기하고 싶었던 겁니다. 저처럼 힘든 사람에게, 이렇게 빠져나온 사람도 있다고 말해주고 싶었던 겁니다.

그 생각이 떠오르자, 마음이 정리되었습니다. 조회수는 중요하지 않았습니다. 방향은 맞았습니다. 다만 조급했을 뿐이었습니다.

그날 저는 노트북 대신 공책을 펴고 글을 썼습니다. 그리고 그 내용이 나중에 제 채널에서 가장 많이 공유된 영상 중 하나가 되었습니다.

이야기하고 싶은 것은 이겁니다.

그 아침, 가만히 앉아 있던 5분 동안 저는 아무것도 하지 않았습니다. 생산적인 일을 한 것도 아니고, 계획을 세운 것도 아닙니다. 하지만 그 5분이 제 방향을 바로잡았습니다.

우리의 낮은 너무 시끄럽습니다.

회사에서는 유능한 직원이어야 합니다. 집에서는 든든한 가장이어야 합니다. 부모님 앞에서는 효자여야 합니다. 하루 종일 여러 개의 가면을 쓰고 살아갑니다. 그 가면들 사이에서 진짜 내가 무엇을 원하는지, 이 길이 맞는지, 나는 지금 행복한지 생각할 틈이 없습니다.

아니, 틈이 없는 게 아니라, 생각하는 게 두려운 건지도 모릅니다. 그 질문에 대한 답이 불편할 수 있으니까요.

하지만 피한다고 사라지지 않습니다. 외면할수록 불안은 커지고, 밤에 잠들기 전 천장을 보며 알 수 없는 공허함이 밀려옵니다.

새벽은 이 모든 소음이 멈추는 시간입니다.

4시 30분. 세상은 완벽한 정적에 잠겨 있습니다. 전화도 오지 않고, 카카오톡도 울리지 않습니다. 누군가의 기대에 부응해야 할 필요도 없습니다. 이 고요함 속에서 우리는 비로소 밖이 아닌 안을 들여다볼 수 있습니다.

저는 이 시간을 '내 영혼과 만나는 시간'이라고 부릅니다.

좀 거창하게 들릴 수 있지만, 실은 단순한 겁니다. 모든 가면을 내려놓고, 아무 역할도 하지 않는 채, 그냥 '나'로 앉아 있는 시간. 그뿐입니다.

여기서 한 가지 짚고 넘어가야 할 것이 있습니다.

혼자 있는 것을 두려워하시는 분이 많습니다. 특히 바쁘게 살아온 분일수록, 조용히 혼자 있으면 불안해집니다. 뭔가를 하고 있어야 마음이 편합니다. 스마트폰이라도 들어야 견딜 수 있습니다. 하지만 '외로움'과 '고독'은 전혀 다른 것입니다.

외로움은 원치 않는데 혼자 된 것입니다. 누군가와 함께하고 싶은데 그러지 못할 때 찾아오는 쓸쓸함입니다.

고독은 다릅니다. 고독은 스스로 선택한 홀로 있음입니다. 바깥의 소음을 차단하고, 나 자신에게 집중하기 위해 의식적으로 만든 시간입니다.

새벽의 고요함은 외로움이 아니라, 고독입니다. 그리고 이 고독 속에서만 들리는 목소리가 있습니다.

'나는 지금 어디로 가고 있는가.' '내가 진정으로 원하는 것은 무엇인가.'

낮에는 절대 들리지 않는 질문입니다. 너무 시끄러우니까요.

이 질문에 처음부터 명확한 답이 나오지는 않습니다. 저도 처음에는 그냥 멍하니 앉아 있기만 했습니다. 하지만 매일 이 시간을 갖다 보면, 조금씩 내면의 목소리가 선명해집니다. 희미했던 것이 또렷해지기 시작합니다.

제가 유튜브를 하게 된 것도, 책을 쓰게 된 것도, 사실은 새벽의 고요함 속에서 떠오른 생각이 씨앗이 되었습니다. 누가 시킨 것이 아니라, 제 안에서 올라온 것이었습니다.

물론, 이 시간이 항상 편안하지만은 않습니다.

고요함 속에서 마주하게 되는 것 중에는, 그동안 외면하고 싶었던 것들도 있습니다. 나의 부족함, 해결하지 못한 문제, 억눌러왔던 감정. 그것들이 고요한 틈을 타고 올라올 때, 불편합니다.

하지만 그 불편함을 직시하는 것이 변화의 시작이라는 걸, 저는 15년 동안 반복해서 경험했습니다.

문제를 외면하면 문제는 커집니다. 그러나 문제를 직면하면, 그때부터 풀리기 시작합니다.

PART 1에서 저는 이 이야기들을 해왔습니다. 왜 우리가 불안한지. 왜 지금까지의 방식으로는 안 되는지. 왜 새벽이어야 하는지.

하지만 아는 것과 하는 것 사이에는 넓은 강이 있습니다.

새벽이 좋다는 건 알겠는데, 실제로 매일 4시 반에 일어나는 건 전혀 다른 문제입니다. 알람이 울리면 이불 속의 유혹이 세상 어떤 논리보다 강력합니다.

'내일부터 하면 되지.' '오늘 하루쯤은 괜찮겠지.'

이 목소리는 매일 아침 찾아옵니다. 15년 차인 저에게도요.

그렇다면 이 싸움을 어떻게 이기느냐.

그 이야기를 이제 하려 합니다.

마지막으로 나 자신에게 솔직한 질문을 던져본 것이 언제입니까?

✦

"진짜 변화는 고요함 속에서 시작된다."

무거우셨을 겁니다.

잠깐 내려놓으셔도 됩니다.

이 책은 기다려줍니다.

첫 번째 편지 — PART 1을 마치며

PART 1을 읽어주신 당신에게.

무거우셨을 겁니다. 불안 이야기, 실패 이야기, 바닥 이야기.

읽는 내내 편하지 않으셨을 수도 있습니다.

혹시 당신 자신의 이야기와 겹치는 부분이 있어서

마음이 아프셨다면, 그 마음을 저는 압니다.

하지만 한 가지만 기억해 주세요.

지금 이 불안을 느끼고 계신다는 건,

아직 당신 안에 불씨가 남아 있다는 뜻입니다.

다음 파트에서, 그 불씨를 지키는 법을 이야기하겠습니다.

— 새벽에, 단희쌤

PART 2

귀찮음과의 전쟁

실패하지 않는 새벽 습관

"해야 하는 건 아는데, 몸이 안 따라준다."

따르릉. 새벽 4시 30분. 알람이 울립니다. 손이 움직입니다. 스누즈 버튼을 향해. 눈은 감긴 채로, 손가락만 정확하게 버튼 위치를 찾아냅니다. 수백 번 반복한 동작이니까요. 이불이 따뜻합니다. 밖은 춥습니다. 어제도 늦게 잤습니다. 몸이 무겁습니다. '5분만 더.' 이 다섯 글자가, 세상의 어떤 논리보다 강합니다. 새벽이 좋다는 건 알겠습니다. 뇌과학적으로 효율적이라는 것도 압니다. 인생을 바꿀 수 있다는 것도요. 다 맞는 말입니다. 그런데 이불 속에서는 그 모든 것이 의미를 잃습니다. 아는 것과 하는 것 사이에 놓인 이 거대한 강. 이 강의 이름은 '귀찮음'입니다. 저도 15년째 이 강 앞에 매일 아침 섭니다. 사라지지 않습니다. 다만, 건너는 법을 알게 되었을 뿐입니다. 그 방법을 지금부터 이야기하겠습니다.

지금의 나는…

☐ 해야 한다는 건 아는데, 몸이 따라주지 않는다

☐ 새해 다짐이 2주를 넘긴 적이 거의 없다

☐ 알람을 끄고 다시 눕는 아침이 일주일에 3일 이상이다

☐ '내일부터'라는 말을 자주 한다

☐ 작심삼일이 반복되는 것이 의지력 부족 탓이라고 생각한다

성공의 가장 큰 적은
'귀찮음'입니다

—————————— 고백할 것이 하나 있습니다.

저는 오늘 아침에도 일어나기 싫었습니다.

이 책을 쓰고 있는 지금 저는, 새벽 기상 경력 15년이 넘었습니다. 그리고 수십만 명에게 새벽의 힘을 이야기하는 사람입니다. 그런 제가, 오늘 아침 알람이 울렸을 때 가장 먼저 한 생각은 이것이었습니다.

'아, 귀찮다.'

5분만 더 자고 싶었습니다. 이불이 따뜻했습니다. 눈을 감으면 바로 다시 잠들 수 있을 것 같았습니다. '오늘 하루쯤은 괜찮지 않을까'라는 달콤한 속삭임이 귓가를 맴돌았습니다.

15년을 했는데도 이럽니다.

많은 분이 오해하시는 게 있습니다. 새벽 기상을 오래 하면 어느 순간 쉬워질 거라고 생각하시는 겁니다. 저절로 눈이 떠지고, 아무 저항 없이 상쾌하게 일어나는 경지에 이를 거라고요.

솔직히 말씀드립니다. 그런 날은 없습니다.

15년 전이나 지금이나, 알람이 울리는 순간 이불 속의 유혹은 똑같이 강력합니다. 달라진 게 있다면, 그 유혹과 싸우는 시간이 짧아졌다는 것뿐입니다. 예전에는 10분 동안 버둥거렸다면, 지금은 30초 안에 이불을 걷어냅니다.

하지만 그 30초 동안의 귀찮음은 여전합니다.

이게 왜 중요한 이야기냐면요.

우리가 무언가를 시작하지 못하거나, 시작했다가 포기하는 가장 큰 이유가 바로 이 '귀찮음' 때문이기 때문입니다. 능력이 부족해서가 아닙니다. 시간이 없어서가 아닙니다. 돈이 없어서도 아닙니다.

그냥, 귀찮은 겁니다.

한번 가만히 돌이켜보시겠습니까.

새해 다짐을 몇 번이나 세우셨습니까. 올해는 운동을 하겠다, 올해는 책을 읽겠다, 올해는 뭔가를 시작하겠다. 그 다짐들은 대부분 어디로 갔습니까.

능력이 없어서 못 한 건 아닙니다. 시간이 정말 없었던 것도 아닙니다. 며칠 하다가, '오늘은 피곤하니까 내일', '오늘은 비가 오니까 내일', '오늘은 일이 있으니까 다음 주부터.' 그렇게 내일이 다음 주가 되고, 다음 주가 다음 달이 되고, 어느새 또 한 해가 지나갑니다.

우리는 성공하는 법을 모르는 게 아닙니다. 이미 알고 있습니다. 새벽에 일어나는 것이 좋다는 것도, 운동을 해야 한다는 것도, 책을 읽어야 한다는 것도. 머리로는 다 알고 있습니다.

그런데 하지 않습니다.

왜요?

귀찮으니까요.

이 답이 너무 단순해서 실망하셨을 수도 있습니다. 하지만 저는 인생의 바닥에서 이 단순한 진실과 정면으로 마주치고서야, 비로소 올라오기 시작할 수 있었습니다.

고시원에서 블로그를 처음 시작했을 때를 떠올려 봅니다. 글을 써본 적도 없었습니다. 컴퓨터도 서툴렀습니다. 피곤한 몸을 이끌고 키보드 앞에 앉는 것 자체가 고역이었습니다.

'이거 한다고 뭐가 달라지겠어?' '오늘은 좀 쉬었다가 내일 하지 뭐.' 이 목소리가 매일 찾아왔습니다. 그 목소리에 지지 않은 날보다 진 날이 훨씬 많았습니다. 지고 나면 자책했습니다. '역시 나는 안 돼.' 그 자책이 다음 날의 귀찮음을 더 키웠습니다.

악순환이었습니다. 그런데 어느 순간, 이 적의 정체를 알아차리게 되었습니다. 저를 가로막는 것은 능력 부족이 아니었습니다. 환경 탓도 아니었습니다. 운명도 아니었습니다. '불가능'이라는 거대한 벽이 있었던 것도 아니었습니다.

그냥 귀찮았을 뿐입니다. 그리고 이 깨달음이 역설적으로 저를 자유롭게 만들었습니다. 적의 정체를 알면 싸울 수 있습니다. '나는 능력이 부족하다'는 생각은 극복하기 어렵습니다. 하지만 '나는 그냥 귀찮은 거다'는 생각은 좀 다릅니다. 웃기기까지 합니다.

수십억 원짜리 꿈을 가로막는 것이, 이불 속의 따뜻함이라니. 인생을 바꿀 수 있는 기회를 놓치게 만드는 것이, 리모컨을 손에서 놓기 싫다는 사소한 감정이라니.

그렇게 보면, 적은 생각보다 작습니다. 다만 그 작은 적이 매일, 매 순간 끈질기게 찾아온다는 게 문제입니다.

이 귀찮음이라는 적은 두 가지 특징이 있습니다.

하나, 절대 사라지지 않습니다. 15년을 해도 찾아옵니다. 없앨 수 없습니다.

둘, 이기는 방법은 있습니다. 없앨 수는 없지만, 이길 수는 있습니다.

귀찮음과 싸우는 법을 아는 사람과 모르는 사람. 이 차이가, 결국 같은 꿈을 꾸면서도 전혀 다른 인생을 사는 이유입니다.

그럼 어떻게 이기느냐.

그 이야기를 하기 전에, 먼저 이 적이 정확히 어떤 무기를 쓰는지부터 알아야 합니다. 적을 알아야 이길 수 있으니까요.

지금 '귀찮아서' 미루고 있는 일이 무엇입니까?

"수십억짜리 꿈을 가로막는 것이
이불 속의 따뜻함이라니."

10

내 안의 네 명의 적

———————— 버스를 기다린 적이 있습니다.

예전에 출근할 때 매일 타던 버스가 있었습니다. 보통 5분이면 오는 버스였습니다. 그런데 어느 날, 10분이 지나도 오지 않았습니다. 15분이 지났고, 20분이 지났습니다.

3분만 걸어가면 지하철역이 있었습니다. 지하철을 타면 오히려 더 빨리 도착할 수 있었습니다. 하지만 저는 계속 버스를 기다렸습니다. 왜요? 이미 20분을 기다렸으니까요. 여기서 포기하면 그 20분이 아까우니까요. '조금만 더 기다리면 올 거야'라고 스스로를 설득하면서, 결국 35분을 기다렸습니다.

지하철을 탔으면 20분 전에 도착했을 텐데, 이미 기다린 시간이 아까워서 더 비효율적인 선택을 한 겁니다.

웃기지 않습니까. 그런데 이게 비단 버스 이야기만은 아닙니다. 우리는 인생에서도 이런 일을 매일 합니다.

'이미 이 회사에서 15년을 보냈는데, 이제 와서 새로 시작하라고?' '이 나이에 뭘 새로 배워. 지금까지 해온 것이나 잘하지.' '새벽 기상? 40년 넘게 안 하고 살았는데 굳이?'

앞에서 저는 '귀찮음'이 우리의 가장 큰 적이라고 이야기했습니다. 맞습니다. 하지만 이 귀찮음의 뒤에는 네 명의 공범이 숨어 있습니다. 이 공범들이 귀찮음에게 무기를 대주고, 우리의 발목을 잡는 겁니다.

이 네 명의 정체를 알면, 왜 우리가 번번이 '내일부터'를 외치게 되는지 이해가 됩니다.

첫 번째 적. 잃는 게 무서운 마음.

심리학에서는 이걸 '손실 회피 편향'이라 부릅니다. 어려운 말이지만, 뜻은 간단합니다. 사람은 무언가를 얻는 기쁨보다, 갖고 있는 것을 잃는 두려움을 2배 이상 강하게 느낀다는 겁니다.

새벽 기상을 예로 들어보겠습니다. 새벽에 일어나면 성장할 수 있고, 인생이 바뀔 수 있다. 머리로는 압니다. 하지만 알람이 울리는 순간, 우리 뇌가 계산하는 건 그게 아닙니다. '일어나면 이불 속의 따뜻함을 잃는다. 30분의 수면을 잃는다. 편안함을 잃는다.' 뇌는 얻을 것보다 잃을 것에 먼저 초점을 맞춥니다. 그래서 이불 속에서의 30분이, 인생을 바꿀 수 있는 새벽 1시간보다 더 크게 느껴지는 겁니다. 저도 매일 아침 이 녀석과 싸웁니다. 15년째요.

두 번째 적. 지금이 충분하다는 착각.

이건 '소유 효과'라고 합니다. 내가 지금 가지고 있는 것의 가치를 실제보다 훨씬 크게 느끼는 심리입니다. 비록 지금의 삶이 만족스럽지 못하더라도, 우리는 이 익숙한 생활에 과도한 가치를 부여합니다. 매일 밤 스마트폰을 보다가 늦게 자는 습관, 주말이면 소파에 누워 하루를 보내는 패턴. 이것들이 나를 성장시키지 못한다는 걸 알면서도, '이 정도면 괜찮지 않나'라고 합리화합니다.

익숙한 불행이 낯선 변화보다 편하게 느껴지는 겁니다.

30대의 제가 정확히 그랬습니다. 매일 똑같은 하루를 보내면서, 이 생활 자체에 집착했습니다. '이 정도면 나쁘지 않아.' 10년을 그렇게 보냈고, 그 대가는 제가 겪은 대로입니다.

세 번째 적. 버스를 기다리는 마음.

아까 이야기한 버스, 바로 이겁니다. '매몰 비용의 오류'라고 합니다. 이미 투자한 시간, 돈, 노력이 아까워서, 더 나은 선택지가 있는데도 기존 방식에 매달리는 심리입니다. '이미 이 길로 20년을 걸어왔는데, 이제 와서 다른 길을 간다고?'

이 생각이 우리를 붙잡습니다. 과거에 투입한 것은 이미 돌아오지 않는데도, 그것 때문에 미래의 더 나은 선택을 포기합니다.

우리 나이대의 분들에게 이 적이 특히 강력합니다. 40년, 50년을 한 가지 방식으로 살아왔으니까요. '내가 지금까지 이렇게 살아왔는데…'라는 관성이, 변화의 첫걸음을 가로막습니다. 하지만 냉정하게 생각하면, 과거의 20년은 이미 지나간 겁니다. 되돌릴 수 없습니다. 중요한 건 앞으로의 20년을 어떻게 보낼 것이냐입니다. 이미 기다린 20분 때문에 나머지 시간까지 낭비할 이유는 없습니다.

네 번째 적. 안 되는 이유를 찾는 마음.

'확증 편향'이라고 합니다. 자기가 믿고 싶은 것만 믿고, 보고 싶은 것만 보는 심리입니다. 만약 당신 안에 '나는 아침형 인간이 아니야'라는 믿음이 있다면, 뇌는 그 믿음을 뒷받침하는 증거만 골라서 보여줍니다. 새벽에 일어났다가 피곤했던 기억만 떠오르고, 상쾌했던 경험은 무시합니다. '새벽 기상은 건강에 해롭다'는 기사만 눈에 들어오고, 성공한 사람들의 아침 루틴은 '그 사람이니까 가능한 거'라며 넘깁니다. 결국 '거봐, 역시 나는 안 돼'라는 결론에 도달합니다. 포기할 명분을 스스로 만들어내는 겁니다.

이 네 번째 적이 가장 교활합니다. 다른 세 명이 발목을 잡는 적이라면, 이 녀석은 포기를 정당화해주는 적이니까요.

자, 이제 적의 얼굴을 봤습니다.

정리하면 이렇습니다.

잃는 게 두려워서 시작을 못 하고(손실 회피), 지금이 그럭저럭 괜찮다고 착각하며(소유 효과), 과거에 발목 잡혀 방향을 바꾸지 못하고(매몰 비용), 안 되는 이유를 스스로 찾아내어 포기를 정당화합니다(확증 편향).

이 네 명이 팀을 이루어 귀찮음의 뒤에서 활동합니다. '내일부터 하면 되지'라는 한 문장 속에, 이 네 명의 공범이 전부 들어 있습니다.

무서운 이야기처럼 들릴 수도 있습니다. 적이 네 명이나 있다니. 하지만 저는 이렇게 생각합니다. 적의 얼굴을 아는 것만으로도 절반은 이긴 겁니다.

예전의 저는 그냥 '나는 게으른 사람'이라고 생각했습니다. 그게 전부였습니다. 그렇게 믿으면 대안이 없습니다. '게으른 나'를 바꿀 방법은 의지력밖에 없는데, 의지력은 맨날 바닥

나니까요.

하지만 적의 정체를 알고 나니, 싸울 방법이 보이기 시작했습니다. 잃는 게 무서우면, 잃지 않을 것이 아니라 잃었을 때를 상상하면 됩니다. 지금이 괜찮다는 착각에 빠지면, 3년 뒤의 나를 그려보면 됩니다. 과거가 아까우면, 미래에 집중하면 됩니다. 안 되는 이유를 찾는 뇌에는, 되는 증거를 일부러 보여주면 됩니다.

방법은 있습니다. 다음 장에서, 가장 확실한 전략 하나를 이야기하겠습니다.

뇌를 이기는 한 가지 전략:
일단 시작하라

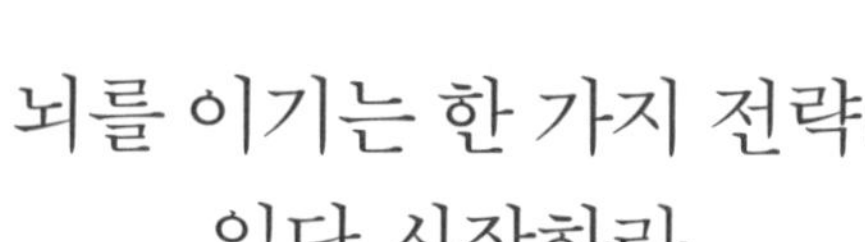

———— 제가 유튜브에 첫 번째 영상을 올린 날 이야기를 하겠습니다.

사실 '올린 날'보다 '올리기까지의 과정'이 더 정확한 표현입니다. 그 과정이 참 길었거든요.

유튜브를 해봐야겠다고 생각한 건 2018년 즈음이었습니다. 블로그로 어느 정도 자리를 잡은 뒤라, 영상으로도 사람들에게 도움이 되는 이야기를 전하고 싶었습니다.

그런데 시작을 못 했습니다. 카메라 앞에 서는 게 두려웠습니다. 목소리가 떨릴 것 같았습니다. 영상 편집을 할 줄 몰랐습니다. 장비도 없었습니다. '좀 더 준비하고 시작하자', '좀 더 공부하고 시작하자', 이런 말을 스스로에게 몇 달이나 했습니다.

완벽하게 준비되면 시작하겠다는 생각이었습니다. 돌이켜보면, 완벽한 준비란 영원히 오지 않는 내일과 같았습니다. 준비하면 할수록 부족한 점이 더 보였고, 부족한 점이 보일수록 시작이 더 두려워졌습니다.

그러다 어느 새벽, 글을 쓰다가 문득 생각이 들었습니다. '지금 이 글을 그냥 소리 내어 읽으면, 그게 영상 아닌가?' 그 순간, 아무 생각 없이 스마트폰을 세워놓고 녹화 버튼을 눌렀습니다. 준비된 게 아무것도 없었습니다. 조명도 없었고, 마이크도 없었고, 대본도 대충이었습니다. 떨리는 목소리로 5분 정도 이야기했습니다.

영상을 확인해보니, 화질은 엉망이었고 소리는 울렸고 제 표정은 굳어 있었습니다. 객관적으로 형편없는 영상이었습니다. 그런데 그걸 올렸습니다. 그리고 그 형편없는 첫 번째 영상이, 지금의 단희TV의 시작이었습니다.

이야기하고 싶은 것은 이겁니다.

10장에서 네 명의 적을 이야기했습니다. 잃는 게 두려운 마음, 지금이 괜찮다는 착각, 과거에 대한 미련, 안 되는 이유를 찾는 습관. 이 네 명이 가장 강력하게 힘을 발휘하는 순간이 있습니다.

바로 '시작하기 직전'입니다.

아직 시작하지 않았을 때, 뇌는 온갖 핑계를 동원합니다. '지금은 때가 아니다', '좀 더 준비하자', '내일이 더 낫겠다', '이게 정말 맞는 방향인가'. 이 목소리들이 쉴 새 없이 찾아와서 우리를 주저앉힙니다. 하지만 이상한 일이 있습니다. 막상 시작하고 나면, 그 목소리들이 조용해집니다.

운동하러 가기 싫다가도, 막상 운동화를 신고 문을 나서면 '오길 잘했다'고 생각합니다. 글을 쓰기 싫다가도, 막상 첫 문장을 치고 나면 손가락이 알아서 움직입니다. 헬스장에 가기까지가 힘들지, 도착하면 운동은 합니다.

시작하기 전이 가장 어렵고, 시작한 뒤에는 관성이 붙습니다. 그래서 저는 이렇게 생각합니다.

우리나라 속담에 '시작이 반이다'라는 말이 있는데, 저는 시작이 99%라고 봅니다. 시작만 하면 거의 다 한 겁니다. 나머지 1%는 관성이 알아서 해줍니다.

문제는, 그 시작의 순간에 뇌가 온 힘을 다해 저항한다는 겁니다. 이 저항을 이기는 방법은 의외로 단순합니다.

생각하지 않는 겁니다.

새벽 4시 30분에 알람이 울립니다. 그 순간 '일어날까 말까'를 고민하기 시작하면 끝입니다. 뇌에게 토론할 시간을 주면, 뇌는 반드시 이깁니다. '5분만 더', '오늘은 좀 피곤한데', '어제 늦게 잤잖아'. 뇌는 변명의 천재입니다.

저는 알람이 울리면 속으로 숫자를 셉니다. 다섯, 넷, 셋, 둘, 하나. 그리고 생각할 틈 없이 이불을 걷어냅니다. 이게 전부입니다. 화려한 기술도 아니고, 대단한 정신력도 아닙니다. 그냥, 뇌가 반응하기 전에 몸을 먼저 움직이는 겁니다.

5초입니다.

알람이 울린 뒤 5초 안에 몸을 움직이느냐, 아니면 뇌에게 발언권을 주느냐. 이 5초가 하루를 결정합니다.

블로그 글도 마찬가지였습니다. '오늘 뭘 쓰지'를 30분 고민하면, 결국 아무것도 못 씁니다. 대신, 아무거나 한 문장을 일단 치면, 두 번째 문장이 따라 나옵니다. 세 번째, 네 번째도요. 첫 문장이 나머지를 끌어냅니다.

유튜브도 그랬습니다. 완벽한 준비를 기다리며 몇 달을 보냈지만, 결국 저를 움직인 건 스마트폰 녹화 버튼을 누른 그 1초였습니다.

시작은 완벽할 필요가 없습니다. 형편없어도 됩니다. 중요한 건 시작했다는 사실 그 자체입니다.

제 첫 유튜브 영상은 정말 형편없었습니다. 하지만 그 영상이 없었으면, 두 번째 영상도 없었을 겁니다. 두 번째가 없으면 세 번째도 없고, 지금의 단희TV도 없었을 겁니다.

모든 것은 형편없는 첫걸음에서 시작되었습니다. 당신에게도 지금 시작하고 싶지만 망설이고 있는 것이 있으실 겁니다.

고민을 멈추고, 가장 작은 행동 하나를 지금 해보시면 어떨까요. 뇌에게 생각할 틈을 주지 않는 겁니다. 그 작은 첫걸음이 나머지 99%를 끌고 갈 겁니다.

— • 오늘의 질문 • —

지금 망설이고 있는 것의 가장 작은 첫걸음은 무엇입니까?

◆

"시작이 99%다.
나머지 1%는 관성이 해준다."

66일,
그 지루한 싸움을 이기는 법

———————— 새벽 기상을 시작한 지 2주쯤 됐을 때였습니다.

처음 며칠은 의외로 괜찮았습니다. 새로운 것을 시작한다는 흥분이 있었고, 새벽 공기가 신선했고, '나도 해내고 있다'는 뿌듯함이 있었습니다.

문제는 2주째부터였습니다.

새로움이 사라졌습니다. 남은 건 피곤함뿐이었습니다. 새벽에 일어나는 게 특별한 경험이 아니라, 그냥 피곤한 일이 되었습니다. 낮에는 꾸벅꾸벅 졸았습니다. 회의 중에 눈이 감겼습니다. 한번은 서서 졸다가 무릎이 꺾인 적도 있었습니다.

그때 가장 힘들었던 건 피로 자체가 아니었습니다. '이걸 해서 뭐가 달라지는 건가?'라는 의심이었습니다.

2주 동안 새벽에 일어나봤지만, 인생이 달라진 건 아무것도 없었습니다. 통장 잔고는 그대로였고, 하루는 여전히 고됐고, 미래는 여전히 막막했습니다. 새벽 기상이 삶을 바꿔준다는데, 도대체 언제부터요?

그때 포기했다면, 지금의 저는 없었을 겁니다. 많은 분이 새벽 기상을, 아니 어떤 새로운 습관이든, 비슷한 시점에서 포기합니다. '작심삼일'이라는 말이 괜히 있는 게 아닙니다. 일주일을 넘기기도 어렵고, 2~3주를 넘기는 건 더 어렵습니다.

왜 그럴까요. 의지가 약해서일까요. 아닙니다. 우리 뇌의 설계가 그렇기 때문입니다.

뇌에는 이미 수십 년 동안 닦여 있는 고속도로가 있습니다. 밤에 늦게 자고 아침에 알람 끄고 다시 자는 습관. 이 고속도로로 달리는 데는 에너지가 거의 들지 않습니다. 너무 익숙하니까요.

반면 새벽 기상이라는 새 습관은, 고속도로가 아니라 거친 정글에 길을 내는 것과 같습니다. 에너지가 엄청나게 듭니다. 뇌는 이 에너지 소모를 싫어합니다. 그래서 2~3주쯤 되면

강력한 브레이크를 겁니다. '이건 너무 힘들어. 원래 하던 대로 하자.'

이게 우리가 느끼는 '포기하고 싶은 마음'의 정체입니다. 뇌가 에너지를 아끼려고 보내는 신호인 겁니다. 그렇다면 이 정글이 언제 고속도로가 되느냐.

런던 대학에서 연구한 결과가 있습니다. 새로운 행동이 습관으로 자리 잡는 데 걸리는 시간은 평균 66일이라고 합니다. 흔히 알려진 것처럼 21일이 아니라, 66일입니다.

저는 이 숫자를 알고 나서 많은 것이 설명되었습니다. 과거에 번번이 실패했던 이유가요. 저는 2~3주, 그러니까 21일 정도에서 포기했었습니다. '이쯤 했으면 변화가 있어야 하는 거 아닌가?' 하면서요. 그런데 습관이 완성되려면 아직 40일이나 더 남아 있었던 겁니다. 마라톤 절반도 안 뛰고 '왜 결승선이 안 보이지?' 한 셈입니다.

66일. 길게 느껴지실 수 있습니다. 하지만 이 여정을 세 구간으로 나누면 생각보다 견딜 만합니다. 저는 이걸 몸으로 겪었고, 새벽 기상 챌린지를 함께한 수많은 분들의 경험에서도 확인했습니다.

첫 번째 구간은 1일에서 21일까지입니다. 가장 고통스러운 시기입니다.

뇌의 저항이 가장 강합니다. 매일 아침이 전쟁입니다. 이 시기에 가장 중요한 것은 '잘하려고 하지 않는 것'입니다. 완벽할 필요 없습니다. 새벽에 일어나서 1시간 동안 독서를 하겠다는 목표가 있다면, 이 시기에는 그냥 일어나기만 해도 성공입니다. 일어나서 물 한 잔 마시고 다시 자도 괜찮습니다. 중요한 건 '눈을 떴다'는 기록을 매일 남기는 것입니다.

뇌가 거부감을 느끼지 않도록, 아주 작게 시작하는 겁니다.

두 번째 구간은 21일에서 40일까지입니다. 고통은 줄었지만 지루한 시기입니다.

몸이 조금 익숙해졌습니다. 하지만 아직 자동은 아닙니다. 의식적으로 노력해야 합니다. 이때 가장 위험한 적은 '하루쯤 괜찮겠지'라는 안일함입니다. 조금 익숙해졌다는 이유로 긴장을 풀면, 한 번의 빈자리가 두 번이 되고, 두 번이 열흘이 됩니다.

이 시기에 가장 효과적인 방법은, 혼자 하지 않는 겁니다. 같은 목표를 가진 사람들과 함께하면 포기하기가 훨씬 어렵습니다. 제가 새벽 기상 챌린지를 운영하는 이유도 이것입니다. 혼자서는 무너지는 날에도, 옆에서 같이 뛰는 사람이 있으면 한 발짝 더 나아갈 수 있습니다.

세 번째 구간은 41일에서 66일까지입니다. 몸이 알아서 하기 시작하는 시기입니다.

어느 날 문득 깨닫습니다. 알람이 울리기 전에 눈이 떠진다는 걸요. 이불 속에서 버둥거리는 시간이 짧아졌다는 걸요. 일어나는 것이 고통이 아니라, 그냥 일상이 된 것입니다. 정글에 어렴풋이 길이 보이기 시작하는 겁니다.

이 세 구간을 모두 통과하면, 새벽 기상은 더 이상 '의지로 버티는 일'이 아니라 '그냥 하는 일'이 됩니다. 양치질처럼요. 양치질하는 데 의지력을 소모하는 사람은 없습니다. 습관이 완성되면 새벽 기상도 그렇게 됩니다.

마지막으로, 66일을 관통하는 하나의 원칙이 있습니다.

절대 이틀 연속으로 거르지 않는 것.

완벽하게 66일을 지키는 사람은 드뭅니다. 몸이 아플 수도 있고, 피치 못할 사정이 생길 수도 있습니다. 하루 거르는 건 괜찮습니다. 하지만 이틀 연속으로 거르면, 뇌는 그것을 '새로운 습관'으로 인식합니다. '안 하는 습관'이 다시 고속도로가 되기 시작합니다.

한 번 넘어졌을 때, 중요한 건 넘어졌다는 사실이 아닙니다. 다음 날 다시 일어났느냐입니다.

저도 15년 동안 새벽 기상을 하루도 빠짐없이 한 건 아님니다. 아파서 못 일어난 날도 있었고, 전날 너무 늦게 자서 도저히 못 일어난 날도 있었습니다. 하지만 이틀 연속으로 거른 적은 거의 없습니다. 하루 무너졌으면, 다음 날은 반드시 일어났습니다. 이 원칙이 15년을 지탱한 힘이었습니다.

66일이라는 숫자가 부담스러우시면, 이렇게 생각해 보십시오.

66일은 당신 인생에서 아주 작은 시간입니다. 앞으로 살아갈 수십 년에 비하면, 66일은 아무것도 아닙니다. 하지만 이 66일이 나머지 수십 년의 방향을 바꿀 수 있습니다.

지금 당장 66일 뒤를 생각할 필요는 없습니다.

오늘 하루만 이기면 됩니다. 내일은 내일 생각합니다. 그렇게 하루하루를 이기다 보면, 어느새 66일이 지나 있을 겁니다.

• 오늘의 질문 •

66일 뒤의 당신은 어떤 모습이길 바랍니까?

✦

"오늘 하루만 이기면 된다. 내일은 내일 생각한다."

13

잠을 줄이지 마세요, 제대로 자세요

—————— 새벽 기상을 시작한 지 한 달쯤 됐을 때, 이상한 증상이 나타났습니다.

운전 중에 갑자기 눈이 감겼습니다.

1~2초였을 겁니다. 하지만 그 1~2초 동안 차가 중앙선을 넘어갈 뻔했습니다. 맞은편에서 경적이 울렸고, 저는 식은땀을 흘리며 겨우 핸들을 잡았습니다.

그날 이후로도 비슷한 일이 몇 번 더 있었습니다. 회의 중에 눈이 감기는 건 다반사였고, 심할 때는 서 있는데 무릎이 꺾이면서 갑자기 잠드는 일도 있었습니다. 기면증처럼 몸이 갑자기 꺼지는 겁니다.

지금 생각하면 당연한 결과였습니다.

그때 저는 밤 12시, 1시에 자면서 새벽 4시 30분에 일어나고 있었습니다. 하루 수면 시간이 3~4시간이었습니다. 새벽에 일어나는 것에만 집중한 나머지, '일찍 자는 것'은 완전히 무시하고 있었던 겁니다.

이것이 새벽 기상에 도전하는 많은 분이 빠지는 가장 큰 함정입니다.

새벽 기상을 '잠을 줄이는 것'이라고 착각하는 겁니다.

아닙니다.

새벽 기상은 잠을 줄이는 것이 아니라, 잠자는 시간을 앞으로 당기는 것입니다. 저녁 12시에 자서 아침 7시에 일어나던 사람이, 저녁 9시 30분에 자서 새벽 4시 30분에 일어나는 것. 수면 시간은 7시간으로 같습니다. 달라진 건 시간대뿐입니다.

이 단순한 원리를 모르고 수면을 깎아가며 억지로 새벽에 일어나면, 저처럼 운전 중에 눈이 감기는 위험한 상황이 벌어집니다. 의지력으로 피로를 버틸 수 있는 기간은 길어야 2~3주입니다. 그 이후엔 몸이 무너집니다. 그리고 '역시 새벽 기상은 나한테 안 맞아'라는 결론에 도달하며 포기합니다.

새벽 기상이 안 맞는 게 아닙니다. 수면이 부족했을 뿐입니다. 성공적인 새벽은 아침에 결정되는 것이 아니라, 전날 밤에 결정됩니다. 밤을 어떻게 보내느냐가, 다음 날 새벽의 질을 좌우합니다.

제가 운전 중 졸음 사건 이후 뼈저리게 깨닫고, 지금까지 지키고 있는 원칙이 있습니다.

하나, 취침 시간을 정하면 무슨 일이 있어도 지킵니다. 기상 시간만큼이나 취침 시간이 중요합니다. 저는 밤 9시 30분을 마지노선으로 잡았습니다. 이 시간이 되면 무엇을 하고 있든 멈춥니다. 재미있는 드라마를 보고 있어도, 급한 일이 아닌 이상 카카오톡에 답장을 보내고 있어도 멈춥니다.

처음에는 이게 제일 어려웠습니다. 밤 시간을 포기하는 것이니까요. 하루 중 유일하게 편히 쉴 수 있는 시간인데, 그걸 잘라내야 합니다. 하지만 곧 깨달았습니다. 밤 10시에서 12시 사이에 제가 하고 있는 일의 대부분이, 스마트폰 스크롤이거나 멍하니 TV를 보는 것이었다는 걸요. 실질적으로 의미 있는 일을 하는 시간이 아니었습니다. 그 2시간을 포기하는 대신, 새벽의 황금 같은 2시간을 얻는 겁니다. 이건 손해가 아니라 교환입니다.

둘, 잠들기 1시간 전에는 스마트폰을 멀리 둡니다.

이건 아무리 강조해도 부족합니다. 스마트폰 화면에서 나오는 빛이 수면 호르몬인 멜라토닌 분비를 억제한다는 건 이미 많이 알려진 사실입니다. 잠들기 직전까지 스마트폰을 보는 것은, 잠들려고 하면서 커피를 마시는 것과 비슷합니다.

저는 밤 8시 30분이 되면 스마트폰을 침실 밖에 둡니다. 물리적으로 손이 닿지 않는 곳에 놓는 겁니다. 의지력에 기대지 않고, 환경을 바꾸는 겁니다.

처음에는 손이 허전했습니다. 뭘 해야 할지 모르겠더라고요. 그래서 대신 책을 폈습니다. 따뜻한 물로 샤워를 했습니다. 어머니와 이야기를 나눴습니다. 이 시간이 의외로 좋았습니다. 밤이 조용해지니까, 잠도 훨씬 깊이 들었습니다.

셋, 잠이 부족하면 낮에 15분 충전합니다.

새벽 기상 초기에는 아무리 일찍 자도 낮에 피곤한 시기가 있습니다. 몸이 적응하는 과정이니까요. 이때 무리해서 버티기보다, 점심시간에 15분 정도 눈을 붙이는 게 훨씬 현명합니다.

저도 지금까지 이 방법을 씁니다. 너무 피곤한 날에는 점심 먹고 책상에 엎드려 15분 잡니다. 이 짧은 잠만으로도 오후가 완전히 달라집니다. 단, 30분을 넘기면 밤잠을 방해하니 타이머를 맞춰놓는 게 좋습니다.

'저녁형 인간'이라서 일찍 못 잔다고 하시는 분도 계십니다.

그런 분에게 제가 드리는 이야기는 이겁니다. 일찍 자려고 하지 말고, 일찍 일어나는 것에 먼저 집중해 보십시오. 잠이 부족한 채로 하루를 보내면, 그날 밤에는 자연스럽게 일찍 잠이 옵니다. 이 과정이 며칠 반복되면 몸의 시계가 알아서 앞당겨집니다.

저도 처음에는 저녁형이었습니다. 밤 1시, 2시까지 깨어 있는 게 일상이었습니다. 하지만 새벽 기상을 반복하면서, 몸이 저절로 밤 9시면 졸리기 시작했습니다. 지금은 누가 시키지 않아도 그 시간이면 눈이 감깁니다.

잠은 비용이 아니라 투자입니다.

잠을 줄여서 시간을 벌겠다는 발상은, 건강이라는 원금을 깎아서 이자를 내는 것과 같습니다. 언젠가 원금이 바닥납니다. 저는 운전 중 졸음이라는 형태로 청구서를 받았습니다. 더 큰 사고가 나기 전에 깨달은 게 다행이었습니다.

충분히 자야 새벽이 빛납니다.

피곤한 상태로 억지로 일어나는 새벽은 고행이지만, 충분히 잔 뒤 상쾌하게 맞이하는 새벽은 선물입니다. 같은 시간인데 질이 완전히 다릅니다.

오늘 밤, 평소보다 30분만 일찍 잠자리에 들어보시겠습니까.

그 30분이, 내일 새벽의 풍경을 바꿔줄 겁니다.

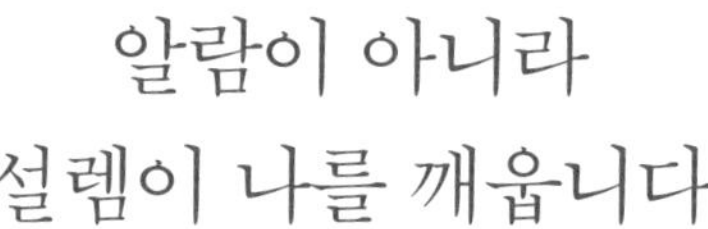

알람이 아니라
설렘이 나를 깨웁니다

어린 시절, 소풍 전날 밤을 기억하십니까.

엄마가 김밥을 말아주시는 걸 보면서, 잠이 안 와 이불 속에서 뒤척였습니다. 내일 뭘 하지, 어디를 가지, 누구와 놀지. 설레서 잠이 안 오는데, 그 설렘이 괴롭지 않았습니다.

그리고 다음 날 아침.

알람이 울리기도 전에 눈이 떠졌습니다. 엄마가 깨우러 오기 전에 벌써 옷을 입고 있었습니다. 평소에는 "5분만 더…" 하며 이불을 뒤집어쓰던 아이가, 그날만큼은 번개처럼 일어났습니다.

누구의 강요도 없었습니다. 의지력을 끌어모을 필요도 없었습니다. 설렘이 저를 깨운 겁니다.

그때의 우리에게는 '일어나야 하는 이유' 따위가 필요 없었습니다. '일어나고 싶은 마음'이 알람보다 강했으니까요. 그런데 어른이 된 지금, 우리의 아침은 어떻습니까.

알람이 울립니다. 손이 자동으로 스누즈 버튼을 누릅니다. 5분 뒤 다시 울립니다. 또 누릅니다. 세 번째 알람이 울릴 때쯤 겨우 눈을 뜹니다. '아, 또 아침이네.' 의무감으로, 억지로, 마지못해 일어납니다.

소풍날의 그 아이와 지금의 우리 사이에 무슨 일이 있었던 걸까요. 달라진 건 하나입니다. 아침에 일어나야 할 '설렘'이 사라진 겁니다.

소풍날의 아이에게는 '내일 아침에 기다리고 있는 좋은 일'이 있었습니다. 지금의 우리에게는 그게 없습니다. 기다리는 건 출근, 회의, 업무. 일어나고 싶은 이유가 아니라 일어나야 하는 이유뿐입니다.

알람에 의존하는 한, 새벽 기상은 매일 아침 벌어지는 고통스러운 전투입니다. 알람은 외부에서 강제로 주어지는 신호입니다. 의무감과 스트레스를 동반합니다. 이걸로 평생 새벽을 지속하는 건 불가능합니다.

그렇다면 어른이 된 우리는 그 설렘을 영영 잃어버린 걸까요. 아닙니다. 만들 수 있습니다.

저도 처음에는 알람과의 전쟁이었습니다. 매일 아침이 고역이었습니다. 하지만 지금은 대부분의 날에 알람 없이 눈이 떠집니다. 새벽이 기다려지기까지 합니다. 어떻게 이렇게 됐을까요.

제가 발견한 방법은 세 가지입니다.

첫째, 심장이 뛰는 이유를 찾았습니다.

처음 새벽에 일어난 이유는 절박함이었습니다. 이 지옥 같은 생활에서 벗어나야 한다는 공포. 그것은 강력하지만, 오래가지 않습니다. 공포는 사람을 움직이게 하지만, 지치게도 합니다.

공포를 넘어서는 힘은, '왜'라는 질문에 대한 나만의 대답이었습니다.

처음에는 '돈을 벌기 위해'였습니다. 하지만 그것만으로는 매일 4시 반에 일어나기에 부족했습니다. 나중에 분명해진 건, 제가 진짜 원하는 것은 돈이 아니라 자유였다는 겁니다. 돈 때문에 비굴해지지 않는 삶. 하고 싶지 않은 일에 끌려다니지 않는 삶. 더 나아가, 저와 같은 처지에 있는 분들에게 '당신도 할 수 있다'고 말해줄 수 있는 사람이 되는 것.

이 목표가 선명해졌을 때, 새벽이 달라졌습니다. 알람이 울리는 순간, '아, 일어나야 하는데'가 아니라 '오늘도 한 발짝 다가간다'는 생각이 먼저 드는 겁니다.

당신의 심장을 뛰게 하는 '왜'는 무엇입니까. 그것이 절실하고 구체적일수록, 아침에 눈을 뜰 힘이 강해집니다.

둘째, 잠들기 전에 내일 아침을 미리 살았습니다.

이건 제가 지금도 매일 하는 것입니다. 잠들기 전, 눈을 감고 내일 새벽을 상상합니다.

알람이 울리자마자 일어나는 저. 창문을 열고 차가운 공기를 마시는 저. 책상에 앉아 글을 쓰는 저. 그리고 중요한 일을 끝낸 뒤 느끼는 뿌듯함.

이걸 구체적으로, 생생하게 그립니다. 찬 공기가 코끝을 스치는 감각까지. 글을 다 쓰고 커피를 한 모금 마시는 장면까지.

우리 뇌는 상상과 현실을 잘 구분하지 못한다고 합니다. 생생하게 상상하면, 뇌는 그것을 이미 경험한 것처럼 받아들입니다. 그래서 다음 날 실제로 일어났을 때, 낯설지 않습니다. 이미 한 번 해본 일 같으니까요. 저항이 줄어듭니다.

막연하게 '내일 일찍 일어나야지'라고 생각하는 것과, 구체적으로 내일 아침의 장면을 미리 살아보는 것은 전혀 다른 결과를 만듭니다.

셋째, 새벽에 기다리는 작은 행복을 만들었습니다.

거창한 것이 아닙니다. 아주 사소한 것이면 됩니다.

저의 경우, 새벽에 마시는 따뜻한 차 한 잔이 그것이었습니다. 고시원 시절에는 자판기 커피였고, 지금은 어머니가 준비해주시는 꿀물입니다. 그 한 잔이 주는 작은 행복이, 이불 속의 유혹을 이기는 힘이 되었습니다.

좋아하는 음악을 새벽에만 듣는 것도 좋습니다. 좋아하는 산책 코스를 새벽에만 걷는 것도 좋습니다. 새벽에만 읽는 책이 있어도 좋습니다. 핵심은, 새벽이라는 시간에 '나만의 작은 보상'을 연결하는 겁니다.

그러면 뇌가 새벽을 '빼앗기는 시간'이 아니라 '받는 시간'으로 인식하기 시작합니다. 이 전환이 일어나면, 알람은 더 이상 적이 아닙니다.

제가 매일 밤 내일 새벽을 기다리며 잠드는 이유가 바로 이겁니다.

새벽이 의무가 아니라 설렘이 되었기 때문입니다. 소풍날의 아이처럼 잠들고, 소풍날의 아이처럼 눈을 뜨는 것.

어른이 되었다고 해서 그것이 불가능한 건 아닙니다. 다만, 아이 때는 설렘이 저절로 주어졌고, 어른이 된 지금은 스스로 만들어야 한다는 차이가 있을 뿐입니다.

당신의 새벽에 어떤 설렘을 놓아두시겠습니까.

당신의 새벽에 어떤 설렘을 놓아두시겠습니까?

"소풍 전날의 아이처럼 잠들고,
소풍날의 아이처럼 눈을 뜨는 것."

오감을 열어라:
나의 새벽 루틴

———————— "따르릉———"

새벽 4시 30분. 핸드폰 알람이 울립니다.

눈을 뜹니다. 방 안은 아직 깜깜합니다. 이불이 따뜻합니다. 언제나 이 순간이 가장 위태롭습니다. 하지만 오늘도 이깁니다. 이불을 걷어냅니다. 차가운 공기가 팔뚝에 닿습니다.

일어납니다.

가장 먼저 하는 일은 창문을 여는 것입니다.

제가 사는 곳은 북한산 자락 아래에 있습니다. 새벽 공기가 유난히 맑습니다. 창을 활짝 밀면, 찬 공기가 얼굴로 밀려

듭니다. 코끝이 시립니다. 그 차가움이 좋습니다. 잠이 달아나고, 감각이 돌아옵니다.

머리를 창밖으로 내밀고 천천히 숨을 들이마십니다.

깊이. 아주 깊이. 폐 속 가장 깊은 곳까지 밀어 넣습니다. 그러면 밤새 몸 안에 쌓였던 탁한 것들이 밀려나가는 느낌이 듭니다. 숨을 내쉽니다. 다시 들이마십니다. 저는 이것을 정확히 일곱 번 반복합니다. 특별한 이유는 없습니다. 그냥 '7'이라는 숫자가 행운의 숫자라 좋습니다.

1분 남짓한 시간입니다. 하지만 이 1분 동안, 저는 오롯이 숨쉬는 것에만 집중합니다. 아무 생각도 하지 않습니다. 숨이 코로 들어오고, 가슴을 채우고, 다시 빠져나가는 그 감각만 따라갑니다.

이 짧은 호흡이 끝나면, 저는 이미 완전히 깨어 있습니다.

방문을 엽니다.

꼬리가 보이지 않을 정도로 흔들며 달려오는 녀석이 있습니다. 코코입니다. 우리 집 반려견. 매일 아침 문 앞에서 기다렸다는 듯이, 미친 듯이 꼬리를 치며 저를 반깁니다. 이 환영식이 벌써 몇 년째인데, 매번 처음인 것처럼 반겨줍니다.

코코를 안고 거실로 나갑니다.

어머니가 계십니다. 항상 저보다 먼저 일어나 계십니다. 여든이 넘으셨는데, 아들보다 일찍 일어나시는 겁니다. 어머니는 따뜻한 꿀물을 건네주십니다.

받아서 천천히 마십니다. 달달한 꿀물이 입을 거쳐 목을 타고 내려갑니다. 위장까지 따뜻함이 퍼지는 게 느껴집니다. 잠들어 있던 몸이 안쪽부터 서서히 깨어납니다. 이어서 어머니가 손수 담그신 매실차를 한 잔 더 내어주십니다.

"날씨가 추우니 옷 따뜻하게 입고 나가라." "운전 조심하고, 직원들에게 잘 해줘라."

내일모레면 환갑인 아들인데, 어머니 눈에는 아직도 어린 애인가 봅니다. 매일 반복되는 대화입니다. 하지만 이 잔소리가 싫지 않습니다. 누군가 매일 아침 이렇게 저를 걱정해주는 사람이 있다는 것. 그게 당연한 일이 아니라는 걸, 고시원에 혼자 살아본 사람은 압니다.

샤워를 합니다. 따뜻한 물이 어깨를 타고 흐릅니다. 근육의 긴장이 풀립니다. 잠의 마지막 잔재가 씻겨 내려갑니다. 이를 닦고, 면도를 하고, 거울 앞에 섭니다.

거울에 비친 제 얼굴을 봅니다.

"음. 아직은 그런대로 몸매가 괜찮군."

옷을 갈아입고 다시 거울을 봅니다.

"음. 잘생겼어."

주책입니다. 저도 압니다. 하지만 매일 아침 스스로에게 이 한마디를 건네는 것이, 생각보다 큰 힘이 됩니다. 하루 종일 남들의 평가를 받으며 살아야 하는데, 아침에 한 번쯤은 나 스스로가 나를 괜찮다고 말해주는 거지요.

뽀송뽀송한 속옷의 감촉. 옷 위에 뿌린 섬유 향수의 좋은 냄새. 작은 것이지만, 이런 사소한 감각이 기분을 올려줍니다.

현관문을 나섭니다.

엘리베이터를 타고 1층에 내리면, 제가 가장 사랑하는 시간이 시작됩니다.

새벽 공기가 온몸을 감쌉니다. 한겨울이면 숨이 하얗게 피어오르고, 초여름이면 풀 냄새가 바람에 실려 옵니다. 계절마다 다르지만, 매번 처음인 것처럼 좋습니다.

천천히 걷습니다. 아파트 단지 안 산책로를 따라.

걸으면서 눈에 들어오는 것들을 봅니다. 산책로 가장자리에 피어난 이름 모를 잡초. 돌 틈에서 꽃을 피운 작은 생명. 한번은 달팽이가 느릿느릿 가는 걸 발견하고, 쪼그려 앉아 한참을 바라본 적도 있습니다. 출근하는 어른이 달팽이 앞에 쪼그려 앉아 있는 모습이 우습겠지만, 그 순간이 참 좋았습니다.

귀를 기울이면 새소리가 들립니다. 지지배배. 세상에서 가장 맑은 소리입니다. 이 소리를 듣고 있으면 머릿속이 정화되는 느낌입니다. 어떤 음악보다 좋습니다.

눈을 감으면 냄새가 더 선명해집니다. 숲에서 불어오는 바람 속에 나무와 흙의 내음이 섞여 있습니다. 세상에서 가장 비싼 향수가 이보다 더 좋을 수 있을까요.

이 모든 감각이 저를 채웁니다.

매일 같은 시간, 같은 길을 걷습니다. 그런데 매일 다릅니다. 어제 없던 꽃이 피어 있고, 그제 내리던 비가 오늘은 맑은 하늘이 됩니다. 새벽을 의식적으로 느끼기 시작하면, 세상이 놀라울 정도로 다양한 얼굴을 가지고 있다는 걸 알게 됩니다.

나이가 들수록 감각이 무뎌진다고 합니다. 맞는 말입니다. 매일 같은 일상을 반복하면, 주변을 새롭게 느끼려는 노력을 멈추게 됩니다. 시간은 빨라지고, 하루가 어제와 같고, 한 해가 순식간에 지나갑니다.

하지만 새벽에 오감을 여는 연습을 하면, 무뎌졌던 감각이 다시 살아납니다. 숨을 쉬는 것, 공기를 느끼는 것, 새소리를 듣는 것. 이런 아주 작은 것들을 다시 느끼기 시작하면, '살아 있다'는 감각이 선명해집니다.

저는 이 시간 때문에 매일 새벽을 기다립니다.

누구에게도 방해받지 않는 고요한 시간에, 제 감각을 하나하나 깨우는 이 의식. 이것이 끝나면 저는 하루를 살아갈 기운으로 가득 차 있습니다.

오늘 하루, 어떤 일이 찾아올까. 생각만 해도 설렙니다.

오늘 아침, 당신의 감각이 마지막으로 살아 있다고 느낀 순간은 언제였습니까?

✦

"오늘 하루, 어떤 일이 찾아올까. 생각만 해도 설렌다."

새벽이 선물한
세로토닌과 도파민

───────── 새벽 기상 챌린지에 참여했던 한 분의 이야기입니다.

40대 중반의 여성이었습니다. 이혼을 앞두고 있을 정도로 심각한 우울감에 시달리고 계셨습니다. 매일 아침이 괴로웠다고 합니다. 눈을 뜨는 것 자체가 고통이었고, 하루를 시작할 에너지가 없었습니다. 가족에 대한 불만, 미래에 대한 불안, 자기 자신에 대한 자책. 온종일 부정적인 생각에 잠식되어 있었습니다.

그분이 챌린지에 참여한 건, 솔직히 큰 기대가 있어서는 아니었습니다. 지푸라기라도 잡고 싶었던 겁니다.

한 달이 지났을 때, 그분에게서 메시지가 왔습니다.

"선생님, 이상한 일이 일어나고 있어요. 남편에 대한 불만이 줄었어요. 아이들에게 덜 짜증을 내요. 아침에 걷다 보면 괜히 기분이 좋아져요. 일부러 그러는 게 아닌데, 그냥 그래요."

그분은 당황해하고 계셨습니다. 새벽에 일어나서 한 일이라고는 산책을 하고 간단한 일기를 쓴 것뿐이었는데, 왜 마음이 달라지는지 이해할 수 없다고요.

저는 그 이유를 알고 있었습니다.

우리 몸 안에는 두 가지 신비로운 물질이 있습니다.

하나는 세로토닌, 다른 하나는 도파민입니다.

어려운 이름이지만, 하는 일은 단순합니다. 세로토닌은 마음을 편안하게 만들어줍니다. 도파민은 무언가를 해내고 싶은 열정을 불어넣어줍니다.

세로토닌이 충분하면, 별일 없이도 기분이 괜찮습니다. 사소한 일에 짜증이 나지 않습니다. 불안이 잠잠해집니다. 세상이 좀 더 견딜 만하게 느껴집니다.

세로토닌이 부족하면, 그 반대입니다. 이유 없이 우울합니다. 작은 일에 예민해집니다. 불안이 커집니다. 그분이 이혼까

지 고민했던 것도, 어쩌면 세로토닌이 바닥나 있었기 때문인
지도 모릅니다.

그런데 이 세로토닌이 가장 활발하게 만들어지는 조건이
있습니다.

아침 햇살을 받을 때입니다.

강렬한 태양이 아니어도 괜찮습니다. 새벽녘의 어스름한
빛만으로도 충분합니다. 아침에 눈을 떠서 밖으로 나가 햇빛
을 쬐기만 해도, 우리 몸은 세로토닌을 만들기 시작합니다. 거
기에 걷기까지 하면 효과는 배가 됩니다.

그분이 매일 아침 산책을 하면서 마음이 편안해진 건, 의
지의 힘이 아니었습니다. 몸이 세로토닌을 다시 만들기 시작
한 겁니다. 모자랐던 것이 채워지니, 세상을 보는 눈이 달라진
겁니다.

제가 매일 새벽 산책을 하면서 느끼는 그 평온함도, 지금
돌이켜보면 같은 이유였습니다. 새벽 공기를 마시며 걸을 때
의 그 맑은 기분. 그것은 단순히 '기분 탓'이 아니라, 제 몸이
저에게 주는 선물이었던 겁니다.

이제 도파민 이야기를 하겠습니다.

세로토닌이 마음의 안정이라면, 도파민은 행동의 연료입
니다. 무언가를 해냈을 때 느끼는 쾌감, 다음 목표를 향해 달

려가고 싶은 의욕. 이것을 만들어내는 게 도파민입니다.

새벽 기상은 이 도파민을 분비시키는 아주 강력한 방아쇠입니다.

생각해 보십시오. 알람이 울렸을 때, '조금만 더 자고 싶다'는 본능을 이겨내고 자리에서 일어나는 순간. 작지만, 분명한 승리입니다. 아무도 시키지 않았는데 스스로 해낸 것입니다. 이때 뇌는 '해냈다!'는 신호를 보내며 도파민을 분출합니다.

이 작은 성취감이 연쇄 반응을 일으킵니다. 일어났으니 산책을 합니다. 산책을 했으니 독서를 합니다. 독서를 했으니 글을 씁니다. 하나의 성취가 다음 성취로 이어지고, 도파민이 계속 공급됩니다.

남들이 아직 잠들어 있는 시간에, 이미 중요한 일을 세 가지나 끝냈다는 사실. 이 만족감은 생각보다 큽니다. 출근하기도 전에 하루의 핵심을 끝냈으니, 나머지 하루가 여유로워집니다. 자신감이 생기고, 주도적으로 움직이게 됩니다.

이것이 새벽에 시작한 사람들이 하루 종일 에너지 넘치는 비결입니다.

정리하면 이렇습니다.

새벽에 일어나 밖으로 나가면 세로토닌이 마음을 안정시

켜줍니다. 유혹을 이기고 일어났다는 성취감에서 도파민이 열정을 불어넣어줍니다. 이 두 가지가 동시에 작동하면, 평온하면서도 의욕 넘치는 최적의 상태가 만들어집니다.

차분한 자신감. 조급하지 않은 열정. 이것이 새벽이 우리에게 주는 호르몬의 선물입니다.

그 챌린지 참가자분은 결국 이혼하지 않으셨습니다. 6개월 뒤에 다시 연락이 왔을 때, 이런 말씀을 하셨습니다.

"남편이 변한 게 아니라, 제가 변했더라고요. 같은 사람인데 다르게 보이기 시작했어요."

물론 새벽 기상이 부부 문제를 직접 해결해준 건 아닙니다. 하지만 매일 아침 자기 자신을 돌보는 시간을 가지면서, 그분의 마음에 여유가 생긴 것은 사실입니다. 모자랐던 것이 채워지니, 세상을 볼 눈이 달라진 겁니다.

PART 2에서 우리는 귀찮음과 싸우는 법을 이야기했습니다. 시작하는 법, 지속하는 법, 제대로 자는 법, 설렘을 만드는 법. 그리고 이 모든 과정 속에서 우리 몸이 스스로 보상을 준다는 사실까지.

이제 한 가지 질문이 남았습니다.

새벽을 확보했다면, 이 황금 같은 시간에 무엇을 해야 할까요.

그 이야기를 시작하겠습니다.

마지막으로 아침 햇살을 의식적으로 느껴본 것이 언제입니까?

◆

"차분한 자신감, 조급하지 않은 열정.
이것이 새벽의 선물이다."

여기까지 읽으셨다면,

내일 아침 한 번만 눈을 떠보세요.

나머지는 그 다음에 읽어도 됩니다.

두 번째 편지 — PART 2를 마치며

PART 2를 읽어주신 당신에게.

귀찮음, 뇌의 저항, 66일의 싸움.

이야기만 들어도 벌써 피곤하셨을 수 있습니다.

한 가지 고백하겠습니다. 이 모든 전략을 알고 있는 저도,

오늘 아침 이불 속에서 5초를 버둥거렸습니다.

15년이 지나도 그렇습니다.

하지만 괜찮습니다. 매일 완벽할 필요 없습니다.

넘어진 다음 날 다시 일어나면, 그것으로 충분합니다.

다음 파트에서는 좀 더 즐거운 이야기를 하겠습니다.

새벽을 채우는 것들에 대해서요.

— 새벽에, 단희쌤

PART 3

나를 만드는 시간

새벽에 무엇을 할 것인가

"일어났다. 그런데 뭘 하지?"

눈을 떴습니다. 이불을 걷었습니다. 세수를 했습니다. 책상에 앉았습니다. 그리고 멈췄습니다. '…뭘 하지?' 새벽 기상에 성공한 사람들이 의외로 많이 부딪히는 순간입니다. 귀찮음을 이기고, 잠의 유혹을 이기고, 겨우 일어나는 데까지는 성공했는데. 막상 앉으니 할 일이 없습니다. 멍하니 스마트폰을 들여다봅니다. 뉴스를 봅니다. 유튜브를 켭니다. 정신 차리면 출근 시간입니다. 가장 비싼 시간을, 가장 싸게 써버린 겁니다. 저도 이 실수를 여러 번 했습니다. 새벽을 확보하는 것과, 새벽을 채우는 것은 전혀 다른 문제라는 걸 깨닫는 데 꽤 오래 걸렸습니다. 10년 넘는 시행착오 끝에, 결국 남은 것은 세 가지였습니다. 소박하지만, 이 세 가지가 제 인생을 만들었습니다. 당신의 새벽에는 무엇이 채워져 있습니까?

지금의 나는…

☐ 일찍 일어나도 결국 스마트폰만 보다가 시간이 간다

☐ 마지막으로 책을 끝까지 읽은 게 언제인지 기억나지 않는다

☐ 내가 잘하는 것, 좋아하는 것이 뭔지 잘 모르겠다

☐ 글을 써본 적이 거의 없거나, 쓰고 싶지만 엄두가 나지 않는다

☐ 나만의 전문 분야나 콘텐츠가 없다는 생각이 든다

몸, 머리, 손
— 성장의 삼각편대

새벽 기상을 시작한 지 얼마 안 됐을 때의 일입니다.

눈을 떴는데, 할 일이 없었습니다.

정확히 말하면, 뭘 해야 할지 몰랐습니다. 새벽에 일어나는 것까지는 성공했는데, 막상 일어나서 멍하니 앉아 있었습니다. TV를 켤까. 핸드폰을 볼까. 한참을 어슬렁거리다가 결국 소파에 앉아 뉴스를 보다가 출근 시간이 됐습니다.

그날 저녁, 씁쓸했습니다. 겨우 귀찮음을 이기고 새벽에 일어났는데, 그 시간을 뉴스 보는 데 써버렸으니까요. 가장 비싼 시간을 가장 싸게 쓴 셈이었습니다.

이런 경험이 한두 번이 아니었습니다.

새벽 기상에 도전하시는 분들 중에서도 비슷한 이야기를 많이 들었습니다. "일어나긴 했는데, 뭘 해야 할지 모르겠어요." "결국 핸드폰만 만지작거리다가 시간이 지나갔어요."

새벽 시간은 확보했지만, 그 시간을 채울 내용물이 없는 겁니다.

빈 그릇만 있고, 담을 음식이 없는 상태입니다. 이러면 뇌는 가장 익숙하고 편한 행동으로 돌아갑니다. 스마트폰 보기, TV 시청, 다시 잠들기. 애써 확보한 황금 시간이 휘발됩니다.

그래서 저도 시행착오 끝에, 새벽 시간을 어떻게 채울 것인가에 대한 답을 찾아야 했습니다.

여러 가지를 해봤습니다. 어떤 것은 효과가 있었고, 어떤 것은 없었습니다. 처음에는 회사 업무를 미리 하기도 했는데, 이건 최악이었습니다. 가장 좋은 에너지를 남의 일에 또 쓰는 꼴이었으니까요.

10년 넘게 시행착오를 반복하며 결국 남은 것은 세 가지였습니다.

운동. 독서. 글쓰기.

저는 이것을 '성장의 삼각편대'라고 부릅니다.

전투기가 편대 비행을 할 때, 삼각 대형으로 날아갑니다. 앞에 한 대, 양 옆에 한 대씩. 이 대형이 가장 안정적이고, 서로의 약점을 보완하며, 가장 멀리까지 날 수 있습니다.

제 새벽도 마찬가지입니다. 운동, 독서, 글쓰기. 이 셋이 삼각 대형을 이루며 제 하루를 지탱합니다. 어느 하나만 빠져도 균형이 무너집니다.

각각의 역할이 다릅니다.

운동은 몸을 깨웁니다. 기계로 치면 엔진을 예열하는 겁니다. 몸이 깨어나야 머리도 깨어납니다. 특히 우리 나이대에, 건강은 모든 것의 기반입니다. 건강을 잃으면 꿈도, 성공도, 자유도 전부 의미를 잃습니다. 운동은 그 기반을 지키는 일입니다.

독서는 머리를 채웁니다. 입력Input입니다. 나보다 앞서 걸어간 사람들의 경험과 지혜를 빌려오는 겁니다. 내 힘만으로는 한계가 있습니다. 책은 그 한계를 가장 빨리, 가장 적은 비용으로 넘어서게 해줍니다.

글쓰기는 손을 움직입니다. 출력Output입니다. 머리로 아는 것과 글로 쓰는 것은 전혀 다른 차원의 일입니다. 글을 쓰면 생각이 정리되고, 정리된 생각이 쌓이면 전문성이 됩니다. 그 전문성이 세상에 나가면 기회가 됩니다.

입력만 하고 출력하지 않으면, 냉장고에 식재료를 쌓아두고 요리하지 않는 것과 같습니다. 출력만 하고 입력하지 않으면, 빈 냉장고로 요리하겠다는 것과 같습니다. 그리고 몸이 뒷받침되지 않으면, 부엌에 설 체력조차 없습니다.

셋이 함께 돌아갈 때, 성장의 속도는 비교할 수 없이 빨라집니다.

거창하게 들릴 수 있지만, 실제로는 아주 단순합니다.

저의 새벽은 이렇습니다. 일어나서 산책을 합니다(운동). 돌아와서 책을 읽습니다(독서). 읽은 내용을 바탕으로 한 문단을 씁니다(글쓰기). 이게 전부입니다.

처음부터 각각 1시간씩 할 필요 없습니다. 산책 20분, 독서 20분, 글쓰기 10분. 이 정도면 충분합니다. 50분입니다. 이 50분이 하루를, 그리고 결국 인생을 바꿉니다.

과장이 아닙니다. 제가 쓴 책들, 유튜브 채널, 지금 하고 있는 사업의 모든 것이 이 삼각편대에서 나왔습니다. 새벽에 걷고, 읽고, 쓴 것들이 10년 넘게 쌓여서 지금의 단희쌤을 만들었습니다.

다음 몇 개의 장에서, 이 세 가지를 각각 어떻게 하면 좋은지 하나씩 이야기하겠습니다.

먼저, 삼각편대의 첫 번째 축. 몸을 깨우는 이야기부터 시작합니다.

내일 새벽 50분을 운동, 독서, 글쓰기에 어떻게 나누시겠습니까?

◆

"산책 20분, 독서 20분, 글쓰기 10분.
이 50분이 인생을 바꾼다."

새벽 산책이
하루를 결정합니다

─────── 50대에 접어들면서 몸이 보내는 신호가 달라졌습니다.

40대 초반까지는 무리해도 하루 이틀 자면 회복됐습니다. 밤새 일하고 다음 날 또 일할 수 있었습니다. 몸이 좀 무거워도 의지로 밀어붙이면 됐습니다.

그런데 50대가 되니, 같은 방식이 통하지 않았습니다.

한번은 무리하게 일정을 잡아 3일 연속 강연을 한 적이 있습니다. 둘째 날까지는 괜찮았습니다. 셋째 날 오후, 갑자기 허리가 나갔습니다. 일주일 동안 제대로 걸을 수가 없었습니다. 그 일주일 동안 밀린 일이 눈덩이처럼 불어났고, 한 달 내내 정상 컨디션으로 돌아오지 못했습니다.

3일간 무리한 대가를 한 달 동안 치른 겁니다.

그때 절실하게 느꼈습니다. 이 나이에는 건강이 무너지면 모든 것이 무너진다는 걸요.

20대, 30대에 운동은 선택이었습니다. 해도 좋고 안 해도 큰 문제 없었습니다. 하지만 40대, 50대에 운동은 생존입니다. 과장이 아닙니다. 건강을 잃으면, 그동안 쌓아온 모든 것이 순식간에 무너집니다.

사업도, 가정도, 꿈도, 전부 건강이라는 기반 위에 서 있습니다. 기반이 흔들리면 위에 있는 것들이 전부 흔들립니다.

이것이 제가 삼각편대의 첫 번째에 운동을 놓은 이유입니다.

다만, 여기서 한 가지 분명히 하고 싶은 것이 있습니다.

제가 말하는 운동은 헬스장에서 두 시간씩 근육을 만드는 것이 아닙니다. 마라톤을 뛰라는 것도 아닙니다. 제가 매일 아침 하는 운동은 훨씬 더 소박합니다.

걷는 겁니다. 그냥 걷습니다. 아파트 단지 안을 천천히, 20~30분 정도.

이게 운동이 되냐고 하실 수 있습니다. 됩니다. 특히 새벽 산책은 생각보다 훨씬 강력합니다.

저는 지금 매일 아침 출근 전에 산책을 합니다. 짧게는 20분, 여유가 있으면 40분 정도. 코스는 항상 같습니다. 아파트 단지 안 산책로를 한 바퀴 도는 겁니다.

똑같은 코스를 매일 걷는데, 지루하지 않습니다.

계절이 바뀌면 풍경이 바뀝니다. 봄에는 벚꽃이 피고, 여름에는 매미가 울고, 가을에는 은행잎이 깔리고, 겨울에는 숨이 하얗게 피어오릅니다. 같은 나무인데 매달 다른 얼굴을 보여줍니다.

새벽 산책이 제 하루를 결정한다고 말하는 이유가 있습니다.

첫째, 몸이 깨어납니다.

앉아서 독서를 하거나 글을 쓰기 전에, 먼저 몸을 움직여야 합니다. 가만히 앉아 있으면 아무리 머리가 맑아도 몸이 따라오지 않습니다. 20분만 걸어도 혈액순환이 시작되고, 굳어 있던 근육이 풀리며, 몸 전체가 하루를 시작할 준비를 합니다.

특히 중년 이후에는, 아침에 몸을 한번 풀어주는 것과 안 풀어주는 것의 차이가 큽니다. 풀어주고 시작하면 하루 종일 몸이 가볍습니다. 그냥 시작하면 오전 내내 몸이 무겁습니다.

둘째, 생각이 정리됩니다.

이건 직접 해보신 분은 아실 겁니다. 걸으면 생각이 풀립니다. 책상 앞에 앉아서 아무리 고민해도 답이 안 나오던 것이, 밖에 나가 10분만 걸으면 실마리가 보이기 시작합니다.

저는 산책하면서 그날 해야 할 일을 머릿속으로 정리합니다. 유튜브에서 어떤 주제를 다룰지, 사업에서 어떤 결정을 내릴지. 걸으면서 생각하면 앉아서 생각하는 것보다 훨씬 자유롭고 넓어집니다. 제 콘텐츠 아이디어의 상당수가 산책 중에 떠올랐습니다.

셋째, 하루의 첫 번째 성취가 됩니다.

산책을 마치고 집에 돌아오면, 이미 한 가지를 해낸 상태입니다. 이 작은 성취감이 다음 행동(독서, 글쓰기)으로 자연스럽게 이어집니다. 산책 → 독서 → 글쓰기. 첫 번째 도미노가 넘어지면 나머지가 따라 넘어지듯, 산책이 하루의 첫 도미노 역할을 합니다.

산책을 하지 않은 아침에는 리듬이 깨집니다. 뭘 먼저 해야 할지 망설이게 되고, 망설이다 보면 시간이 가고, 시간이 가면 '오늘은 그냥 넘기지 뭐' 하는 마음이 슬금슬금 올라옵니다.

산책을 하고 온 아침에는 이미 흐름이 잡혀 있습니다. 몸이 깨어 있으니 앉으면 바로 집중이 됩니다.

한 가지만 더 이야기하겠습니다.

새벽 산책은 나를 위한 시간이지만, 결과적으로 주변 사람도 지킵니다.

제가 쪽방촌에서 막노동을 하던 시절, 건강은 뒷전이었습니다. 당장 먹고사는 것이 급했으니까요. 하지만 돌이켜보면, 그때 건강까지 무너졌다면 다시 일어서는 건 불가능했을 겁니다.

지금 제가 매일 걷는 이유는 저를 위해서이기도 하지만, 저를 필요로 하는 사람들을 위해서이기도 합니다. 여든이 넘으신 어머니, 저를 믿고 따라주는 직원들, 제 영상을 보시는 분들. 제가 건강해야 이분들과 함께할 수 있습니다.

거창한 운동이 아니어도 됩니다.

매일 아침, 20분만 걸어보십시오. 동네 한 바퀴면 충분합니다. 운동복을 갈아입을 필요도 없습니다. 잠옷 위에 외투 하나 걸치고 나가도 됩니다.

중요한 건 매일 하는 것입니다. 하루 20분, 이것이 제가 10년 넘게 지켜온 건강의 비밀입니다.

삼각편대의 첫 번째 축, 몸을 깨우는 이야기는 여기까지입니다.

다음은 두 번째 축. 머리를 채우는 이야기를 하겠습니다.

당신의 건강을 필요로 하는 사람은 누구입니까?

"매일 아침 20분 걷는 것.
이것이 10년 넘게 지켜온 건강의 비밀이다."

19

한 권의 책,
단 하나의 실천 (1독 1행)

———————— 독서 모임에서 만난 한 분이 기억납니다.

명함에는 '독서 경력 20년, 3,000권 독파'라고 적혀 있었습니다. 대단하다고 생각했습니다. 1년에 150권이면, 이틀에 한 권 이상을 읽은 셈이니까요.

그런데 이야기를 나누다 보니, 이상한 점을 발견했습니다. 3,000권을 읽었다는 그분의 삶이, 크게 달라진 것이 없어 보였습니다. 본인도 그것을 알고 있었습니다. "이렇게 많이 읽었는데 왜 변하는 게 없는지 모르겠어요"라며 웃으셨는데, 그 웃음이 좀 쓸쓸해 보였습니다.

반면, 같은 모임에 1년에 책 다섯 권을 읽었다는 분이 계셨습니다. 그분은 그 다섯 권에서 배운 것을 하나하나 실천에 옮기고 있었습니다. 1년 만에 부업을 시작했고, 3년 만에 본업보다 부업 수입이 더 많아졌습니다.

3,000권을 읽고 변하지 않은 사람과, 5권을 읽고 인생이 달라진 사람.

이 차이가 뭘까 한참을 생각했습니다.

답은 간단했습니다. 한 사람은 읽기만 했고, 한 사람은 실천했습니다.

저도 고시원에서 독서를 시작했을 때, 처음에는 읽는 것 자체에 취해 있었습니다. 책을 읽으면 뭔가 성장하고 있다는 기분이 들었습니다. 한 권을 끝내면 뿌듯했고, 두 권, 세 권 쌓여가면 '나도 공부하는 사람'이라는 자부심이 생겼습니다.

하지만 솔직히 말하면, 읽은 책의 내용이 제 삶에 실질적으로 적용된 것은 거의 없었습니다. 감동은 잠깐이었고, 일주일만 지나면 무슨 책을 읽었는지도 가물가물했습니다.

그때 깨달은 것이 있습니다.

독서의 목적은 '아는 것'이 아니라 '하는 것'이구나.

지식을 쌓는 게 중요한 게 아니라, 그 지식을 삶에 가져와서 한 가지라도 바꾸는 것. 그것이 진짜 독서구나. 이 깨달음이제 독서법을 완전히 바꿨습니다.

그 뒤로 저는 단 하나의 원칙만 지키고 있습니다.

'1독 1행(一讀一行)'. 한 권의 책에서 단 하나의 실천 과제를 찾는 것.

아무리 좋은 책이라도, 그 안에 담긴 모든 것을 이해하고 실천하겠다는 건 욕심입니다. 저자가 알려주는 수많은 지혜 중에서, 지금 당장 내 삶에 적용할 수 있는 '딱 하나'를 찾는 데 집중합니다.

하나만 찾습니다.

그리고 그것을 내 생활에 가져와서 습관으로 만들려고 시도합니다.

솔직히 말하면, 실패하는 경우가 훨씬 많습니다. 열 가지를 시도하면 아홉 개는 작심삼일로 끝납니다. 하지만 그중 하나라도 살아남아 제 습관이 되면, 그 한 권의 책은 제 돈을 벌어다준 겁니다. 남은 아홉 번의 실패는 상관없습니다.

이 '살아남은 하나'들이 쌓여서, 지금의 저를 만들었습니다.

새벽 기상도 책에서 시작했습니다. 긍정 확언도, 감사 일기도, 블로그 글쓰기도, 전부 어떤 책에서 읽고 '이거 한번 해봐야겠다' 싶어서 시작한 것들입니다. 대부분은 며칠 만에 흐지부지됐지만, 살아남은 몇 개가 제 인생의 기둥이 되었습니다.

그렇다면, 책을 읽을 때 어떻게 하면 그 '하나'를 잘 찾을 수 있을까요.

제가 쓰는 방법은 세 가지입니다.

첫째, 질문하며 읽습니다.

책을 그냥 눈으로 따라가지 않습니다. 계속 질문을 던지면서 읽습니다. '이게 내 상황에도 적용될까?', '나라면 어떻게 했을까?', '이 중에 당장 해볼 수 있는 건 뭘까?' 이렇게 읽으면 같은 문장도 다르게 보입니다. 그냥 읽으면 저자의 이야기지만, 질문하며 읽으면 나의 이야기가 됩니다.

둘째, 경험과 연결하며 읽습니다.

같은 책이라도, 읽는 시기에 따라 완전히 다르게 다가옵니다. 직장 다닐 때 읽었던 마케팅 책이, 사업에 실패한 뒤 다시 읽으니 전혀 다른 책이었습니다. 문장 하나하나가 저를 찌르는 것 같았습니다. 삶의 경험이 책에 생명을 불어넣은 겁니다.

지금 당신이 겪고 있는 고민이 있다면, 그 고민을 안고 책을 읽어보십시오. 같은 책이 전혀 다른 답을 줄 겁니다.

셋째, 읽은 것을 밖으로 꺼냅니다.

머릿속에만 두면 지식은 금방 휘발됩니다. 가장 좋은 방법은 글로 적는 것입니다. 거창하게 서평을 쓸 필요 없습니다. 가장 인상 깊었던 한 문장과, 거기서 내가 해볼 것 한 가지만 적으면 됩니다. 이 작은 기록이 쌓이면, 나중에 돌아봤을 때 놀라운 자산이 되어 있을 겁니다.

그리고 이 '밖으로 꺼내는 과정'이 자연스럽게 삼각편대의 세 번째 축으로 이어집니다.

한 권의 책에서, 단 하나의 실천을.

이것이 수천 권의 지식보다 강력한 무기입니다.

20

글쓰기가
저를 전문가로 만들었습니다

——————— 한 가지 고백을 하겠습니다.

저는 글을 잘 쓰는 사람이 아닙니다. 아니, 적어도 처음에
는 정말 아니었습니다.

블로그에 처음 글을 올렸을 때를 기억합니다. 한 편 쓰는
데 3시간이 걸렸습니다. 두 문단을 쓰고 지우고, 다시 쓰고 지
우고. 고등학교 때 일기장도 제대로 못 채우던 사람이 블로그
글을 쓰겠다고 앉아 있으니, 키보드 앞에서 멍하니 화면만 바
라보는 시간이 글 쓰는 시간보다 길었습니다.

완성된 글을 읽어보면 더 참혹했습니다. 문장이 어색했고,

논리가 뒤죽박죽이었고, 읽다 보면 스스로도 무슨 말을 하고 싶은 건지 몰랐습니다.

'이런 걸 올려도 되나?' 하는 부끄러움이 있었지만, 올렸습니다. 그때는 완벽함보다 꾸준함이 중요하다고 생각했고, 지금도 그 판단이 맞았다고 생각합니다.

다음 날 또 썼습니다. 그다음 날도요. 매일 새벽에 읽은 책이나 그날의 생각을 한 편씩 올렸습니다. 한 달이 지나자, 한 편 쓰는 데 2시간으로 줄었습니다. 석 달이 지나자, 1시간이면 됐습니다. 반 년이 지나자, 40분이면 한 편이 나왔습니다.

글이 좋아졌느냐고요. 솔직히, 처음 석 달은 별로 나아지지 않았습니다. 하지만 반 년쯤 지나니까 분명한 변화가 있었습니다. 글이 좋아졌다기보다, 생각이 정리되기 시작한 겁니다.

이것이 글쓰기의 첫 번째 힘입니다. 글을 쓰면, 뿌옇던 생각이 선명해집니다.

우리는 종종 '안다'고 착각합니다. 책을 읽고 고개를 끄덕였으니 안다고 생각합니다. 하지만 막상 그것을 글로 설명하려 하면, 모르는 부분이 드러납니다. '아, 내가 이 부분을 제대로 이해하지 못했구나.' 글쓰기는 내 앎의 구멍을 드러내주는 거울입니다.

저도 책을 읽을 때는 다 이해한 줄 알았습니다. 하지만 그 내용을 블로그에 제 말로 풀어쓰려 하면, 막히는 부분이 반드시 있었습니다. 그 막히는 지점이 제가 정말로 공부해야 할 지점이었습니다. 글쓰기 덕분에 그걸 알 수 있었습니다.

두 번째 힘은 더 놀라웠습니다.

글이 쌓이자, 사람들이 저를 전문가로 보기 시작했습니다.

이게 좀 신기한 일이었습니다. 저는 부동산 박사가 아니었습니다. 학위가 있는 것도 아니고, 유명 학원 출신도 아니었습니다. 고시원에 살다가 중개 보조로 일하던 사람이었습니다.

하지만 매일 부동산 관련 글을 올리다 보니, 어느 순간 사람들이 저를 '부동산 잘 아는 사람'으로 인식하기 시작했습니다. 블로그에 질문이 달리기 시작했고, "이 동네 어떻게 생각하세요?"라는 상담 요청이 들어왔습니다.

여기서 중요한 걸 깨달았습니다.

전문가라서 글을 쓰는 게 아닙니다. 글을 쓰기 때문에 전문가가 되는 겁니다. 순서가 반대입니다. 대부분의 사람은 '나는 아직 전문가가 아니니까 글을 쓸 자격이 없다'고 생각합니다. 저도 처음에는 그랬습니다. 하지만 실제로는, 서툴더라도 꾸준히 쓰는 과정 자체가 전문성을 만들어냅니다.

특정 주제로 100편의 글을 쓴 사람은, 그 주제에 대해 100번 생각하고 100번 정리한 사람입니다. 200편을 쓰면 200번. 이렇게 쌓인 사람을 세상은 전문가라고 부릅니다.

세 번째 힘은 시간이 지나면서 나타났습니다.

글이 기회를 불러왔습니다.

블로그에 쌓아놓은 글들은 제가 잠든 사이에도 일하고 있었습니다. 24시간 쉬지 않는 영업사원 같은 것이었습니다. 새벽에 쓴 글 한 편이, 낮에 누군가의 눈에 띄어 전화가 오고, 그것이 상담으로 이어지고, 상담이 수익으로 이어졌습니다.

나중에는 출판사에서 연락이 왔습니다. "책을 쓰실 생각은 없으십니까?" 강의 요청도 들어왔습니다. "블로그에 쓰신 내용으로 특강을 해주실 수 있나요?"

이 모든 기회는, 저 자신이 만들어낸 것이 아닙니다. 제가 쓴 글이 만들어낸 겁니다. 저는 그냥 새벽마다 앉아서 썼을 뿐인데, 글이 저 대신 세상에 나가 일을 한 겁니다.

지금의 '단희쌤'이라는 이름도, 유튜브 채널도, 출판한 책도, 운영하는 사업도, 뿌리를 따라가면 전부 같은 곳에 닿습니다.

고시원에서 새벽마다 서툴게 쓴 블로그 글.

그것이 시작이었습니다.

혹시 지금 이 글을 읽으며 '나도 글을 써볼까' 하는 마음이 드셨다면, 한 가지만 기억하시면 됩니다.

처음부터 잘 쓸 필요가 없습니다. 저도 처음에는 형편없었습니다. 3시간 걸려 쓴 글이 읽을 수 없을 정도였습니다. 하지만 그 형편없는 글이 없었으면, 두 번째 글도, 백 번째 글도, 지금의 책도 없었을 겁니다.

오늘 새벽, 읽은 책에서 가장 마음에 남은 한 문장에 대해 당신의 생각을 한 문단만 써보십시오. 블로그여도 좋고, 노트 앱이어도 좋고, 종이 위에 손으로 써도 좋습니다.

그 한 문단이 당신을 바꾸는 첫 글이 될 수 있습니다.

오늘의 질문

오늘 가장 마음에 남은 생각을 한 문단으로 쓸 수 있습니까?

✦

"전문가라서 글을 쓰는 것이 아니다.
글을 쓰기 때문에 전문가가 된다."

21

신림동 월 100만 원에서
매달 1천만 원까지

———————— 신림동의 한 공인중개사 사무실.

그곳이 제 두 번째 출발선이었습니다.

고시원에서 겨우 빠져나와 중개 보조로 들어갔을 때, 월급은 없었습니다. 정확히 말하면, 기본급이 아니라 계약 건당 수수료를 받는 구조였습니다. 한 달에 한두 건 계약이 성사되면 100만 원 남짓. 안 되는 달에는 50만 원도 못 벌었습니다.

사무실은 좁았습니다. 사장님과 저, 둘이 전부였습니다. 전화가 오면 받고, 손님이 오면 안내하고, 나머지 시간에는 매물 정보를 정리했습니다. 하루하루가 비슷했고, 앞이 보이지 않았습니다.

그때 한 모임에서 젊은 직원을 만났습니다. 그는 부동산 중개를 하면서, 블로그에 꾸준히 홍보 글을 올리고 있었습니다. 물건 소개도 하고, 지역 시세 분석도 하고, 가끔은 본인의 생각을 정리한 칼럼도 썼습니다. 그런데 그의 월수입이 1~2천만 원이라는 겁니다.

충격이었습니다. 같은 일을 하는데, 한 사람은 월 100만 원이고 한 사람은 월 2천만 원입니다. 차이가 뭘까. 한참을 생각했습니다. 능력의 차이? 아닐 겁니다. 중개 경력은 제가 더 길었습니다. 지역 지식? 그것도 크게 다르지 않았습니다.

차이는 하나였습니다. 그는 자기가 아는 것을 '글로 써서 세상에 내놓고 있었고', 저는 그렇지 않았습니다. 그는 매일 블로그에 글을 올렸고, 그 글이 검색에 노출되고, 검색에서 그 글을 본 사람들이 전화를 걸어왔습니다. 그는 발품을 팔지 않아도 고객이 먼저 찾아오는 시스템을 만들어놓은 겁니다.

반면 저는, 사무실에 앉아서 전화가 오기를 기다리고 있었습니다. 오지 않는 전화를.

다음 날부터 따라 했습니다.

새벽에 일어나 글을 썼습니다. 앞에서 이야기한 대로, 처음에는 한 편 쓰는 데 3시간이 걸렸고 글은 형편없었습니다.

하지만 멈추지 않았습니다. 매물 하나를 소개하더라도, 그냥 사진과 가격만 올리지 않았습니다. 이 동네가 왜 좋은지, 이 아파트의 장단점은 무엇인지, 제가 직접 돌아다니며 느낀 것들을 솔직하게 적었습니다. 시세 흐름이 어떤지, 이 지역에 투자한다면 어떤 점을 봐야 하는지, 제 의견을 담았습니다.

처음 한 달은 아무 일도 일어나지 않았습니다.

블로그 방문자가 하루에 서너 명이었습니다. 댓글도 없었습니다. '이거 하는 게 맞나?' 하는 의심이 밀려왔습니다. 09장에서 이야기한 귀찮음이 매일 찾아왔습니다.

두 달째도 비슷했습니다. 여전히 한산했습니다. 변화가 시작된 건 3개월째였습니다. 어느 날 사무실 전화가 울렸습니다.

"블로그 보고 전화드리는데요, 그 아파트 아직 있나요?"

심장이 뛰었습니다. 블로그를 보고 연락이 온 첫 번째 고객이었습니다. 그 한 통의 전화가, 제 인생의 방향이 바뀌는 순간이었습니다.

한 건이 두 건이 되고, 두 건이 다섯 건이 되었습니다. 3개월이 지나니 블로그를 보고 찾아오는 고객이 발품 고객보다 많아졌습니다. 6개월이 지나자 혼자 감당하기 어려울 정도로 문의가 쏟아졌습니다.

1년이 지났을 때, 월수입이 1천만 원을 넘었습니다.

100만 원에서 1천만 원으로. 10배.

같은 동네, 같은 사무실, 같은 사람입니다. 달라진 건 단 하나, 새벽에 일어나 글을 쓴 것뿐입니다.

물론 블로그 글만으로 이 모든 것이 이루어진 건 아닙니다. 고객이 찾아왔을 때 신뢰를 줄 수 있었던 건, 현장 경험이 있었고 성실하게 발품을 팔았기 때문입니다. 블로그는 저를 세상에 보여주는 창구였고, 그 창구를 통해 들어온 고객에게 진짜 가치를 전달한 건 저의 경험과 노력이었습니다.

하지만 그 창구가 없었다면, 아무도 저를 몰랐을 겁니다. 아무리 실력이 좋아도, 세상이 나를 모르면 소용이 없습니다. 블로그는 저라는 사람을 세상에 알리는 가장 확실한 통로였습니다.

이 경험에서 배운 것은 단순합니다. 아는 것을 글로 쓰고, 세상에 내놓으면, 그것이 나를 대신해 일합니다.

제가 잠든 사이에도 블로그 글은 사라지지 않습니다. 누군가가 검색했을 때, 제 글이 나타나고, 그 사람이 저를 찾아옵니다. 한 번 쓴 글이 1년 뒤에도, 3년 뒤에도 일하고 있습니다. 이것이야말로 시간으로부터의 자유 아닙니까. 내가 일하지 않는 시간에도 수입이 생기는 구조.

03장에서 이야기한 '나만의 직업'이 이렇게 만들어졌습니다.

블로그가 고객을 불러왔고, 고객이 수입을 만들었고, 수입이 자신감을 주었고, 자신감이 더 좋은 글을 쓰게 했고, 더 좋은 글이 더 많은 고객을 불러왔습니다. 선순환이 시작된 겁니다.

이 선순환의 출발점은, 어느 새벽 빈 화면 앞에 앉아 서툴게 쓴 첫 번째 글이었습니다.

가끔 그때를 생각합니다.

사무실에 혼자 앉아 오지 않는 전화를 기다리던 그 시절의 저에게, 한마디 해줄 수 있다면 이렇게 말하고 싶습니다.

기다리지 마. 써.

당신이 아는 것 중에, 글로 써서 세상에 내놓을 수 있는 것은 무엇입니까?

◆

"기다리지 마. 써."

당신의 경험이
콘텐츠가 됩니다

———————— 강연을 하다 보면, 꼭 이런 질문을 하시는 분이 계십니다.

"저는 평범한 사람이라, 콘텐츠로 만들 만한 경험이 없는데요."

이 말을 들을 때마다, 저는 속으로 이렇게 생각합니다.

'그게 바로 콘텐츠인데.'

'평범한 내가 이 나이에 뭔가를 시작하려니 막막하다.' 이 한 문장이 이미 수만 명이 공감할 수 있는 콘텐츠입니다. 당신이 겪고 있는 고민, 불안, 시행착오가 다른 누군가에게는 가장 절실한 이야기일 수 있습니다.

사람들은 완벽하게 성공한 사람의 이야기에는 감탄합니다. 하지만 공감하지는 않습니다. '저 사람이니까 가능한 거지'라고 생각하기 때문입니다. 반면, 나와 비슷한 처지에 있는 사람이 비슷한 고민을 하면서 한 발짝씩 앞으로 나아가는 과정에는 진심으로 공감합니다. '나도 저렇게 할 수 있을까?'가 아니라 '나도 저렇게 하면 되겠구나'로 바뀝니다.

저도 처음부터 '단희쌤'이 아니었습니다. 고시원에서 살던 사람이, 중개 보조를 하면서 블로그에 서툰 글을 올리던 사람이었습니다. 그때 제 블로그를 읽은 사람들이 공감한 건 제 전문성이 아니었습니다. 저와 비슷한 상황에서 뭔가를 시도하고 있다는 사실 자체에 공감한 겁니다.

당신이 지금 40대든 50대든, 지난 수십 년간 살아오면서 겪은 일들이 있을 겁니다. 직장에서의 성공과 실패, 자녀를 키우며 배운 것, 건강 문제를 겪으며 깨달은 것, 돈과 관련된 쓰라린 경험. 이 모든 것이 콘텐츠의 재료입니다. 특히, 실패한 경험일수록 더 강력한 재료가 됩니다.

이상하게 들릴 수 있지만, 사실입니다. 사람들은 성공담보다 실패담에 더 귀를 기울입니다. 성공은 부러움을 사지만, 실패는 공감을 삽니다. 그리고 공감은 부러움보다 훨씬 강한 연결 고리입니다.

제 유튜브 채널에서 가장 조회수가 높은 영상들은, 부동산 분석 영상이 아닙니다. 쪽방촌에서 살았던 이야기, 사업에 실패한 이야기, 막노동을 하던 시절의 이야기. 제 인생에서 가장 부끄럽고 아팠던 순간들을 솔직하게 풀어놓은 영상이 압도적으로 반응이 좋았습니다.

당신의 실패가, 누군가에게는 가장 큰 위로가 됩니다. 당신의 시행착오가, 누군가에게는 가장 실용적인 가이드가 됩니다.

그렇다면 어떻게 시작할 수 있을까요. 복잡하게 생각하지 않아도 됩니다. 세 가지만 생각해 보시면 됩니다.

하나, 내가 겪어본 것.

당신이 직접 몸으로 경험한 것이 가장 강력한 소재입니다. 남의 이야기를 전달하는 것보다, '내가 해봤더니 이렇더라'가 열 배 강합니다. 투자를 해보셨다면 투자 이야기를, 아이를 키워보셨다면 육아 이야기를, 건강 문제를 겪으셨다면 건강 이야기를. 직접 경험한 것에서 시작하면, 말에 무게가 실립니다.

둘, 내가 좋아하는 것.

시간 가는 줄 모르고 빠져드는 것이 있으신지요. 낚시, 등산, 요리, 독서, 어떤 것이든요. 좋아하는 것에 대해 이야기할 때 사람은 가장 자연스럽고, 자연스러운 이야기가 가장 매력적입니다. 좋아하는 것이 있어야 꾸준히 할 수 있습니다. 싫어하는 것으로 콘텐츠를 만들면 오래 못 갑니다.

셋, 사람들이 궁금해하는 것.

주변에서 당신에게 자주 묻는 질문이 있습니까. "형은 그거 어떻게 했어?", "그 가게 어떻게 알았어?", "보험은 뭘 들어야 해?" 이런 질문이 바로 콘텐츠 주제입니다. 사람들이 이미 궁금해하고 있으니까요.

이 세 가지가 겹치는 지점을 찾으면 가장 이상적입니다. 하지만 완벽한 교차점을 찾으려다 시작을 못 하면 의미가 없습니다. 셋 중 하나만 있어도 충분합니다. 나머지는 하면서 찾아갑니다.

그리고 어디에 올릴지 고민하실 겁니다. 저는 블로그부터 시작하시길 권합니다.

블로그는 진입 장벽이 가장 낮습니다. 카메라 앞에 설 필요도 없고, 목소리를 녹음할 필요도 없습니다. 키보드만 있으면 됩니다. 그리고 글로 쓴 것은 나중에 영상의 대본이 됩니다. 블로그에서 반응이 좋았던 글의 핵심 내용을 요약하고, 거기에 목소리와 표정을 입히면 영상이 됩니다.

제가 유튜브를 시작할 수 있었던 것도, 블로그에 수백 편의 글이 쌓여 있었기 때문입니다. 그 글들이 영상의 뼈대가 되었습니다. 처음부터 유튜브를 했다면, 대본조차 쓸 수 없었을 겁니다.

새벽에 읽고(독서) → 블로그에 쓰고(글쓰기) → 쌓인 글로 영상을 만든다(콘텐츠).

이 선순환이 돌기 시작하면, 당신의 경험은 더 이상 지나간 과거가 아닙니다. 현재의 자산이 되고, 미래의 기회가 됩니다.

"저는 평범한 사람인데요."

그래서 좋은 겁니다. 세상에 평범한 사람이 압도적으로 많고, 평범한 사람의 이야기에 공감하는 사람은 더 많습니다. 완벽할 필요 없습니다. 특별할 필요 없습니다. 당신이 살아온 삶 자체가 이미 충분한 콘텐츠입니다.

중요한 건 그것을 꺼내느냐 마느냐입니다.

주변 사람들이 당신에게 자주 묻는 질문은 무엇입니까?

✦

"당신이 살아온 삶 자체가
이미 충분한 콘텐츠다."

지하철에서
기적을 만든 사람들

제 인생을 바꾼 장소 중 하나가 1호선 지하철입니다.

프롤로그에서 이야기한 인천행 새벽 기차도 1호선이었고, 중개 보조 시절 출퇴근도 1호선이었습니다. 저는 이 지하철 안에서 참 많은 시간을 보냈습니다.

처음에는 그 시간이 그냥 지나갔습니다.

붐비는 차량 안에서 눈을 감고 서 있거나, 자리에 앉으면 스마트폰을 꺼내 뉴스를 봤습니다. 가끔은 졸기도 했습니다. 왕복 2시간. 하루 중 가장 무의미하게 흘려보내는 시간이었습니다.

그런데 어느 날, 만원 지하철 안에서 이상한 사람을 발견했습니다.

사람들 사이에 끼어 간신히 서 있으면서, 한 손으로 손잡이를 잡고 다른 손으로 책을 들고 읽고 있었습니다. 흔들리는 차량 안에서, 주변의 소음 속에서, 그 사람은 완전히 책에 빠져 있었습니다.

솔직히 처음에는 '저 사람 좀 유별나네' 하고 생각했습니다.

하지만 며칠 뒤, 같은 칸에서 또 그 사람을 봤습니다. 다른 책을 읽고 있었습니다. 그다음 주에도, 또 그다음 주에도. 매일 같은 시간, 같은 칸에서 책을 읽고 있었습니다.

그때 계산을 해봤습니다.

출퇴근 왕복 2시간. 1년이면 약 500시간. 10년이면 5,000시간.

5,000시간이면, 어떤 분야에서든 상당한 수준에 도달할 수 있는 시간입니다. 그 사람은 출퇴근 시간을 '움직이는 서재'로 만들어서 매일 2시간씩 공부를 하고 있었던 겁니다.

그날 이후, 저도 지하철에서 스마트폰 대신 책을 들기 시작했습니다.

처음에는 힘들었습니다. 만원 지하철에서 책을 읽는 건 쉬운 일이 아닙니다. 앞사람의 팔꿈치가 제 옆구리를 누르고, 뒤에서 밀려오는 사람 때문에 균형을 잡기가 어렵습니다.

그래서 방법을 바꿨습니다. 서서 읽기 어려운 날에는 이어폰을 꽂고 오디오북을 들었습니다. 손이 자유롭지 않아도 귀는 자유롭습니다. 눈을 감고 들어도 되니까, 오히려 더 집중이 잘 될 때도 있었습니다.

자리에 앉은 날에는 스마트폰에 메모 앱을 열어놓고, 떠오르는 생각을 짧게 적었습니다. 새벽에 읽은 책의 핵심 내용을 정리하거나, 블로그 글의 소재를 메모하거나, 그날 해야 할 일의 우선순위를 정리했습니다.

지하철이 '이동 시간'에서 '준비 시간'으로 바뀌었습니다.

여기서 한 가지 짚고 싶은 게 있습니다.

"출퇴근 시간에는 좀 쉬어야 하지 않나요? 하루 종일 일하는데, 이동 시간마저 뭘 해야 하나요?"

이런 생각이 드실 수 있습니다. 맞는 말입니다. 쉬어야 할 때는 쉬어야 합니다. 저도 피곤한 날에는 지하철에서 눈을 감고 잠을 잡니다. 무조건 뭔가를 해야 한다는 뜻이 아닙니다.

다만 한 가지 여쭤보고 싶은 것이 있습니다.

출퇴근 시간에 스마트폰을 보는 것이 정말 '쉬는 것'입니까?

뉴스를 보고, SNS를 스크롤하고, 유튜브 영상을 보는 것. 이것들이 실제로 몸과 마음을 회복시켜주고 있습니까? 저도 오랫동안 그렇게 했습니다만, 솔직히 스마트폰을 30분 본 뒤의 컨디션이 30분 전보다 나아진 적은 한 번도 없었습니다. 오히려 쓸데없는 뉴스를 보고 기분이 나빠지거나, SNS를 보며 남과 비교하면서 에너지가 더 빠진 적이 많았습니다.

저는 이것을 '가짜 휴식'이라 부릅니다. 쉬는 것 같지만 실은 뇌를 더 피곤하게 만드는 행위입니다.

반면, 오디오북을 듣거나 생각을 정리하며 보낸 출퇴근 시간 뒤에는, 이상하게도 머리가 맑아져 있었습니다. 도착했을 때 '오늘 뭐부터 하지'가 아니라 '이것부터 하자'가 준비되어 있었습니다.

이 차이가 쌓이면 어마어마합니다.

출퇴근 시간을 활용하는 사람과 그냥 흘려보내는 사람. 하루 차이는 2시간이지만, 1년이면 500시간이고, 5년이면 2,500시간입니다. 이 시간이면 전문가가 되기에 충분합니다.

실제로 제가 만난 분들 중에, 출퇴근 시간을 활용해 인생이 달라진 분이 여러 명 있습니다. 지하철에서 매일 부동산 관련 오디오북을 들으며 공부한 분이, 3년 뒤 투자 전문 블로

거가 되었습니다. 버스에서 매일 영어 강의를 들은 분이, 2년 뒤 회사에서 해외 파견을 갔습니다.

대단한 사람들이 아닙니다. 그냥, 스마트폰 대신 이어폰을 꽂은 사람들입니다. 새벽이 성장의 베이스캠프라면, 출퇴근 시간은 보급 기지입니다. 새벽에 깊이 있게 몰입하고, 출퇴근 시간에 가볍게 채우고 정리하는 것. 이 두 시간대를 함께 활용하면 성장의 속도가 크게 달라집니다.

내일 출근길, 스마트폰을 꺼내려는 순간 한번 멈춰보시겠습니까.

대신 이어폰을 꽂고, 관심 있는 분야의 강의나 오디오북을 하나 틀어보십시오. 30분입니다. 그 30분이 스마트폰 스크롤보다 당신에게 훨씬 많은 것을 줄 겁니다.

• 오늘의 질문 •

당신이 아는 것 중에, 글로 써서 세상에 내놓을 수 있는 것은 무엇입니까?

✦

"내일 출퇴근길,
스마트폰 대신 여러분의 인생을 보시길 바랍니다."

24

새벽 독서로 5년 만에
30억 자산가가 된 김 씨

─────── 5년 전, 한 남자가 저를 찾아왔습니다.

마흔 살. 누구나 부러워하는 대기업에 다니고 있었습니다.

겉으로 보면 아무 문제가 없는 사람이었습니다. 안정적인 월급, 괜찮은 직함, 서울 외곽에 전세 아파트 하나.

하지만 그의 눈에는 불안이 가득했습니다.

"열심히 살았는데 남은 게 없습니다."

그는 조용히 이야기했습니다.

"아이들은 커가는데 돈 들어갈 곳은 점점 많고, 정년은 10년도 안 남았습니다. 퇴직하면 뭘 해야 할지 모르겠어요. 밤에 잠이 안 옵니다."

그의 순자산은 살고 있는 전세금을 포함해 약 3억 원이었습니다. 대한민국 40대 가장으로서 특별히 적은 금액도, 특별히 많은 금액도 아니었습니다. 평범했습니다.

저는 그에게 거창한 투자 전략을 알려주지 않았습니다. 대신 이렇게 물었습니다.

"새벽에 일어나실 수 있습니까?"

그가 고개를 끄덕였습니다.

"그러면 내일부터 새벽에 일어나서, 이 책부터 읽어보십시오."

부동산 관련 책 한 권을 추천해드렸습니다. 그리고 한 가지만 부탁했습니다.

"읽기만 하지 마시고, 저자가 하라는 대로 해보십시오."

김 씨(가명)는 다음 날부터 새벽 5시에 일어났습니다.

나중에 들은 이야기입니다만, 처음 2주는 지옥이었다고 합니다. 대기업에서 하루 종일 시달리고 와서, 다음 날 새벽에 눈을 뜨는 것. 몸이 천근만근이었습니다. 하지만 그는 포기하지 않았습니다. 제가 알려드린 것처럼 일단 일어나기만 하는 것에 집중했습니다. 일어나서 커피 한 잔 내리고, 그 책을 폈습니다.

한 달쯤 지나자, 리듬이 잡히기 시작했습니다.

그는 제가 이야기한 '1독 1행' 원칙을 철저하게 지켰습니다. 책에서 '현장에 가서 직접 확인하라'고 하면, 주말마다 현장으로 갔습니다. '경매 법정에 가보라'고 하면, 법정에 직접 앉아서 분위기를 익혔습니다. '소액으로 시작하라'고 하면, 갖고 있는 종잣돈으로 할 수 있는 가장 작은 투자를 실행에 옮겼습니다.

그는 똑똑하게 하려 하지 않았습니다. 분석하고 비교하고 따지느라 시간을 보내지 않았습니다.

그냥, 책에서 시킨 대로 했습니다. 무식하다 싶을 정도로요.

1년 뒤, 그가 다시 저를 찾아왔습니다.

눈빛이 달라져 있었습니다. 1년 전 불안에 떨던 그 사람이 아니었습니다. 작은 성공들을 경험하면서 자신감이 붙어 있었습니다. 첫 투자에서 소소한 수익을 냈고, 두 번째 투자에서는 조금 더 큰 수익을 냈습니다.

"비결이 뭡니까?" 제가 물었습니다.

"추천해주신 책을 읽고, 저자가 하라는 대로 그냥 무식하게 했습니다."

그의 대답은 이것이 전부였습니다.

2년 차에는 공부의 범위를 넓혔습니다. 부동산뿐 아니라 세금, 경매, 재건축에 대한 책들을 새벽마다 읽었습니다. 그리고 여전히, 읽은 것을 즉시 실천에 옮겼습니다.

3년 차에는 주변에서 그에게 투자 조언을 구하기 시작했습니다. 책에서 배운 것과 실전에서 경험한 것이 결합되면서, 그는 아마추어가 아닌 실력자가 되어 있었습니다.

5년이 지났을 때, 그의 자산은 30억이 되어 있었습니다. 3억에서 30억. 10배.

마법이 아닙니다. 그가 한 일은 이것뿐입니다. 새벽에 일어나서 책을 읽고, 읽은 대로 실행했습니다. 5년 동안, 매일.

저는 김 씨의 이야기를 할 때마다 같은 생각을 합니다.

그와 수천 권을 읽고도 변하지 않은 사람의 차이는 뭘까. 그와 같은 꿈을 꾸면서도 시작하지 못하는 사람의 차이는 뭘까.

재능이 아닙니다. 운도 아닙니다. 정보의 양도 아닙니다.

실천했느냐, 하지 않았느냐. 이것뿐입니다.

그리고 그 실천을 가능하게 한 것은, 매일 새벽 남들보다 먼저 일어나 확보한 시간이었습니다. 직장 다니면서 퇴근 후에 했다면, 아마 1년도 못 갔을 겁니다. 새벽의 맑은 머리로 읽고, 주말에 즉시 실행으로 옮기는 이 사이클이 5년간 돌아간 것입니다.

김 씨는 지금 회사를 그만뒀습니다.

더 이상 월급이 필요하지 않기 때문입니다. 투자 수익과 임대 수익으로 생활이 충분합니다. 그는 지금 본인이 원하는 일을 하며 살고 있습니다. 시간의 자유, 경제적 자유. 제가 이 책 전체에서 이야기해온 바로 그것을 그가 얻었습니다.

한 가지 더 말씀드리겠습니다.

김 씨는 특별한 사람이 아닙니다. 대기업에 다녔지만, 대학원을 나온 것도 아니고, 부동산 전공자도 아니었습니다. 부모에게 물려받은 재산도 없었습니다. 3억의 종잣돈은 직장 생활하며 모은 것이었습니다.

그가 가진 유일한 무기는, 새벽에 일어나 책을 읽고 '무식하게 실천'한 것이었습니다.

그가 해냈다면, 당신도 할 수 있습니다.

PART 3에서 우리는 새벽 시간에 무엇을 하면 좋은지 이야기했습니다. 운동으로 몸을 깨우고, 독서로 머리를 채우고, 글쓰기로 세상에 나를 알리는 것. 그리고 출퇴근 시간까지 활용하면 성장의 밀도는 더 높아진다는 것.

이 모든 것의 끝에, 우리가 도달하고 싶은 곳이 있습니다.

자유입니다.

김 씨가 도달한 그 자리. 하고 싶지 않은 일을 거절할 수 있는 삶. 내 시간을 내가 결정하는 삶.

그 자유에 대한 이야기를 이제 시작하겠습니다.

김 씨와 당신의 차이는 무엇이라고 생각합니까?

✦

"비결은 단순했다. 읽고, 실천하고, 멈추지 않았다."

여기까지 걸어오셨습니다.

이제 거의 다 왔습니다.

세 번째 편지 — PART 3를 마치며

PART 3을 읽어주신 당신에게.

운동, 독서, 글쓰기. 그리고 그것을 콘텐츠로 만드는 법.

많은 이야기를 한꺼번에 드렸습니다.

혹시 부담이 되셨다면, 이것만 기억해 주세요.

처음부터 다 할 필요 없습니다.

내일 아침, 딱 한 가지만 해보시면 됩니다.

걷든, 읽든, 쓰든. 그 한 가지가 나머지를 끌고 갑니다.

저도 그렇게 시작했습니다.

고시원에서 주운 책 한 권이 전부였습니다.

마지막 파트에서, 이 모든 여정의 끝에 기다리는

풍경을 보여드리겠습니다.

— 새벽에, 단희쌤

PART 4

마침내 자유를

새벽이 선물한 인생 2막

"달라질 수 있을까? 정말로"

며칠 전, 강연이 끝나고 한 분이 다가오셨습니다. 50대 초반으로 보이는 남성이었습니다. "단희쌤, 한 가지만 여쭤봐도 될까요." "네, 물론이죠." "자유롭다는 게… 어떤 느낌입니까?" 잠깐 말문이 막혔습니다. 답을 몰라서가 아니라, 그분의 눈이 너무 간절해서였습니다. 자유. 이 단어를 쪽방촌에서 살 때는 감히 떠올리지도 못했습니다. 그때의 저에게 자유란, 다른 세상 이야기였습니다. 지금은 압니다. 자유가 무엇인지. 하고 싶지 않은 일에 '아니요'라고 말할 수 있는 것. 아침에 눈을 떴을 때, 오늘 하루를 내가 설계할 수 있는 것. 사랑하는 사람이 아플 때, 모든 것을 내려놓고 곁에 있을 수 있는 것. 이것이 새벽이 저에게 준 선물입니다. 그리고 이 선물은, 저만을 위한 것이 아닙니다. 그 이야기를 지금 시작합니다. 당신이 꿈꾸는 내일은 어떤 모습입니까?

지금의 나는…

☐ 하고 싶지 않은 일을 거절하지 못한 적이 최근에 있다

☐ 내 시간을 내가 결정하는 삶을 살고 싶다

☐ 혼자서 무언가를 시도하다 포기한 경험이 있다

☐ 나이 들수록 시간이 빨라진다고 느낀다

☐ '이 나이에 아직 가능할까'라는 생각이 들 때가 있다

25

하고 싶지 않은 일을
거절할 수 있는 삶

────────── 홍제동의 한 아파트에 인테리어 보조로 일하러 갔을 때의 일입니다.

막노동을 하던 시절이었습니다. 인력시장에서 소개받아 간 현장이었는데, 아파트 현관 입구에 들어서는 순간 다리가 멈췄습니다.

현관이 제가 사는 고시원 방보다 컸습니다.

거실로 들어갔을 때는 숨이 막혔습니다. 끝이 보이지 않을 만큼 넓었습니다. 창밖으로는 서울 시내가 한눈에 들어왔습니다. 바닥은 대리석이었고, 천장에는 조명이 별처럼 박혀 있었습니다.

저는 그 집에서 벽지를 뜯고 페인트를 칠하는 일을 했습니다. 하루 종일 먼지를 뒤집어쓰며 일하면서, 마음 한구석으로 이런 생각을 했습니다.

'죽기 전에 이런 곳에서 살 수 있는 기적이 올까.'

그때는 정말로 불가능한 꿈이었습니다. 고시원 월세도 빠듯한 사람이 이런 집을 어떻게 갖겠습니까. 몸에 묻은 페인트를 닦으며 고시원으로 돌아가는 길, 스스로가 너무 초라해서 고개를 들 수가 없었습니다.

그로부터 15년이 지났습니다.

지금 저는 그 집보다 더 큰 집에서 살고 있습니다.

이 이야기를 자랑하려고 꺼낸 것이 아닙니다. 큰 집에 산다고 행복한 것도 아닙니다. 제가 하고 싶은 이야기는 집의 크기가 아니라, 그 집을 갖기까지 제 안에서 일어난 변화에 대한 것입니다.

그리고 '자유'라는 단어의 의미에 대해서입니다.

쪽방촌에 살던 시절, 자유라는 단어는 제 사전에 없었습니다.

아침에 눈을 뜨면 인력시장에 가야 했습니다. 선택의 여지가 없었습니다. 일이 있든 없든, 새벽부터 나가서 기다려야

했습니다. 반장이 "너, 오늘 여기 가"라고 하면 가야 했습니다. 무거운 짐을 나르든, 위험하고 높은 곳에 올라가든, 싫다고 말할 수 없었습니다.

돈 때문에 비굴해져야 했습니다.

빌려간 돈을 갚아야 하니까, 하기 싫은 일도 해야 했습니다. 부당한 대우를 받아도 입을 다물어야 했습니다. 몸이 아파도 쉴 수 없었습니다. 하루라도 일하지 않으면 그날 밥을 먹지 못했으니까요.

그것은 살아 있어도 산 것이 아닌 삶이었습니다.

제가 그토록 원했던 자유는, 돈을 많이 버는 것이 아니었습니다.

하고 싶지 않은 일을 '아니요'라고 말할 수 있는 것.

이것이 제가 정의하는 자유의 첫 번째입니다.

더 이상 돈 때문에 누군가에게 고개를 숙이거나, 나의 가치관에 반하는 일을 하지 않아도 된다는 것. 싫은 일은 싫다고, 아닌 건 아니라고 말할 수 있는 것. 이것이 얼마나 큰 자유인지는, 그것을 잃어본 사람만이 압니다.

자유의 두 번째는, 내 시간을 내가 설계하는 것입니다.

지금 저는 아침에 눈을 뜨면, 오늘 하루를 어떻게 보낼지 스스로 정합니다. 누구의 지시를 받지 않습니다. 하고 싶은 일을 먼저 하고, 만나고 싶은 사람을 먼저 만납니다.

이건 일을 안 한다는 뜻이 아닙니다. 오히려 더 많이 합니다. 하지만 그 일의 종류와 시간과 방식을 제가 결정합니다. 누군가에게 끌려가는 것이 아니라, 제가 걸어가는 겁니다. 이 차이는 겪어보면 하늘과 땅 차이입니다.

그리고 자유의 세 번째는, 사랑하는 사람들을 지킬 수 있는 것입니다.

이게 저에게는 가장 큽니다.

쪽방촌에 있을 때, 아버지가 아프셨습니다. 병원에 모시고 가야 했는데, 치료비가 없었습니다. 아버지 곁에 있고 싶었지만, 하루라도 일을 빠지면 생활이 안 됐습니다. 결국 제대로 치료해드리지 못한 채 아버지를 보내드렸습니다.

그 죄책감은 20년이 지난 지금도 가슴에 남아 있습니다.

지금은 다릅니다. 어머니가 편찮으시면, 모든 일정을 취소하고 곁에 있을 수 있습니다. 가족에게 필요한 것이 있으면, 망설이지 않고 지원할 수 있습니다. 제가 돕고 싶은 사람이 있으면, 기꺼이 손을 내밀 수 있습니다.

이 힘이 어디서 나왔겠습니까.

새벽에 일어나 책을 읽고, 글을 쓰고, 콘텐츠를 만들며 쌓아온 나만의 직업. 그것이 만들어준 경제적 기반. 그리고 무엇보다, 매일 아침 스스로의 힘으로 일어나며 길러온 삶의 주도권.

이 모든 것의 출발점은, 아시다시피, 새벽이었습니다.

가끔 홍제동 그 아파트를 지나칠 때가 있습니다. 차를 타고 그 근처를 지나가면, 잠깐 속도를 줄이고 올려다봅니다. 그때 페인트 먼지를 뒤집어쓰며 창밖을 바라보던 제가 떠오릅니다.

그 사람에게 말해주고 싶습니다.

기적은 올 거라고. 다만, 그 기적은 하늘에서 내려오는 것이 아니라, 매일 새벽에 눈을 뜨는 당신의 두 발로 걸어가는 것이라고.

당신이 궁극적으로 얻고 싶은 자유는 어떤 모습입니까?

✦

"기적은 하늘에서 내려오지 않는다.
매일 새벽에 일어선 두 발이 만든다."

26

기적의 공식:
믿음 + 매일 1%

──────── 쪽방촌에서 살던 시절, 한 가지 간절한 소원이 있었습니다.

'단 하루만이라도, 돈 걱정 없이 살아보고 싶다.'

거창한 부자가 되고 싶었던 것이 아닙니다. 밥 먹을 때 가격을 보지 않고 주문할 수 있으면, 지하철 타면서 교통비를 계산하지 않아도 되면, 어머니 치료비 걱정을 안 해도 되면. 그것만으로도 천국이었습니다.

그때의 저에게 지금의 저를 보여줬다면, 믿었을까요.

아마 안 믿었을 겁니다.

고시원 방에서 천장을 보며 누워 있던 그 사람에게, '너 15년 뒤에 베스트셀러 작가가 되고, 수십만 명이 보는 유튜브 채널을 운영하고, 원하는 곳에서 원하는 일을 하며 살게 될 거야'라고 말했다면.

미친 소리라고 했을 겁니다. 자기한테 무슨 그런 일이 일어나겠냐고.

하지만 일어났습니다.

어떻게?

마법이 있었던 것은 아닙니다. 특별한 비결도 없었습니다. 운이 좋았느냐고 물으시면, 운의 요소도 분명 있었을 겁니다. 하지만 운만으로는 설명이 안 됩니다.

15년간 돌이켜보면, 제 인생을 바꾼 것은 결국 두 가지였습니다.

나에 대한 믿음. 그리고 매일 조금씩 나아간 것.

이 두 가지를 합쳐서 저는 '기적의 공식'이라고 부릅니다.

기적 = 믿음 + 매일 1%의 노력.

너무 단순해서 실망하셨을 수도 있습니다. 사람들은 보통 더 극적인 비결을 기대합니다. 남들이 모르는 투자 기법, 특별한 인맥, 숨겨진 전략 같은 것. 하지만 그런 건 없었습니다.

먼저, 믿음에 대해 이야기하겠습니다.

믿음이라고 하면 거창하게 들리지만, 처음부터 대단한 확신이 있었던 건 아닙니다.

인천행 새벽 기차를 처음 탔을 때, 저는 '나는 반드시 성공한다'고 믿지 않았습니다. 솔직히 그런 여유가 없었습니다. 그때의 믿음이란, 겨우 이 정도였습니다.

'어제보다는 나아질 수 있지 않을까.'

이것뿐이었습니다.

하지만 이 작은 믿음이 행동을 만들었습니다. 새벽에 일어났습니다. 책을 읽었습니다. 한 줄을 썼습니다. 그러면 아주 작지만, '오늘은 어제보다 나은 하루를 보냈다'는 감각이 생겼습니다.

이 감각이 다음 날의 믿음이 되었습니다. '어제도 했으니, 오늘도 할 수 있겠지.' 이 정도면 충분했습니다. 그 작은 믿음이 또 행동을 만들고, 행동이 성취를 만들고, 성취가 더 큰 믿음을 만들었습니다.

믿음이 먼저이고, 현실은 나중입니다.

'현실이 바뀌어야 믿을 수 있다'고 생각하시는 분이 많습니다. 하지만 순서가 반대입니다. 현실이 바뀌기를 기다리면 영원히 시작할 수 없습니다. 아주 작은 믿음이라도 먼저 가져야, 첫 걸음을 뗄 수 있습니다. 그 첫 걸음이 현실을 조금 바꾸고, 바뀐 현실이 믿음을 키우고, 커진 믿음이 다음 걸음을 내딛게 합니다.

저의 15년은 이 순환의 반복이었습니다.

이제 매일 1%에 대해 이야기하겠습니다.

제가 번번이 실패했던 시절의 패턴을 돌이켜보면, 항상 같았습니다. 처음에 너무 크게 시작합니다. '매일 새벽에 2시간 독서하고, 3,000자 글을 쓰고, 1시간 운동하겠다.' 이런 식으로요. 첫날, 둘째 날은 됩니다. 의욕이 넘치니까요. 하지만 셋째 날부터 무너집니다. 목표가 너무 높으면, 귀찮음이라는 적이 더 강력해집니다.

그래서 저는 크기를 극단적으로 줄였습니다.

오늘보다 내일 1%만 나아지자.

1%가 얼마나 작은지 아십니까. 하루에 10분 책을 읽던 사람이, 내일 10분 6초를 읽는 겁니다. 아무것도 느끼지 못할 정도로 작습니다. 한 달이 지나도 크게 달라진 것 같지 않습니다.

하지만 여기에 수학의 마법이 있습니다.

매일 1%씩 나아지면, 1년 뒤에는 37배가 됩니다. 1.01의 365제곱이 약 37.8이거든요.

37배입니다.

오늘의 나보다 37배 성장한 내가 1년 뒤에 있다는 뜻입니다. 이건 수학이지, 과장이 아닙니다.

반대로, 매일 1%씩 게을러지면 어떻게 될까요. 0.99의 365제곱은 약 0.03입니다. 1년 뒤에 지금의 3%만 남는다는 뜻입니다. 거의 사라지는 겁니다.

같은 1%인데, 방향이 다르면 결과가 하늘과 땅입니다.

복리의 마법이라는 것이 이겁니다. 돈에만 적용되는 게 아닙니다. 성장에도, 지식에도, 습관에도, 관계에도 적용됩니다.

제가 첫 블로그 글을 쓰고, 다음 날 조금 더 나은 글을 쓰고, 그다음 날 또 조금 더 나은 글을 쓴 것. 15년간의 1%가 쌓여서 지금의 결과가 된 겁니다. 어느 한 순간에 폭발적으로 성장한 것이 아닙니다. 매일, 아주 조금씩.

지루합니다. 느립니다. 변화가 안 보입니다.

하지만 어느 순간 뒤돌아보면, 출발점이 까마득하게 멀어져 있습니다. 고시원의 저와 지금의 저 사이에는 거대한 거리가 있지만, 그 거리를 만든 것은 매일의 작은 1%였습니다.

오늘 당장 인생을 뒤집을 필요는 없습니다.

내일, 오늘보다 1%만 더 나아지면 됩니다. 평소보다 10분 일찍 일어나는 것. 책 한 페이지를 더 읽는 것. 떠오르는 생각 한 줄을 메모하는 것.

이 정도면 충분합니다. 나머지는 시간이 해줍니다.

그리고 그 과정에서 가장 중요한 것은, 아주 작더라도 '나는 나아질 수 있다'는 믿음을 놓지 않는 겁니다.

거대한 확신이 아니어도 됩니다. '어제보다는 나아질 수 있지 않을까.' 이 한 문장이면 충분합니다.

기적은 하루아침에 일어나지 않습니다.

하지만 매일 1%씩, 365일이 쌓이면 일어납니다.

<hr>

• 오늘의 질문 •

오늘, 어제보다 1% 더 나아질 수 있는 가장 작은 행동은 무엇입니까?

✦

**"어제보다는 나아질 수 있지 않을까.
이 한 문장이면 충분하다."**

생각한 대로 사는 삶

─────── 몇 년 전, 유튜브 댓글에서 이런 글을 읽었습니다.

"단희쌤, 저는 매일 아침 출근하면서 생각합니다. 이게 내 인생인가. 이걸 위해 40년을 살아왔나. 그런데 퇴근하면 너무 지쳐서 아무 생각도 안 나요. 다음 날 아침이 되면 또 같은 생각을 하면서 출근합니다. 이 반복이 10년째입니다."

그 댓글을 읽고 한참 동안 화면을 바라봤습니다.

10년째 같은 생각을 반복하면서, 아무것도 바꾸지 못하고 있다는 것. 그분만의 이야기가 아니었습니다. 제 30대가 정확히 그랬으니까요.

프랑스의 한 사상가가 이런 말을 남겼습니다. '생각하는 대로 살지 않으면, 머지않아 사는 대로 생각하게 된다.' 이 문장을 처음 접했을 때, 머리를 한 대 맞은 느낌이었습니다. 제 30대를 이보다 정확하게 설명하는 말은 없었습니다.

저도 그때 나름의 생각이 있었습니다. 언젠가는 사업을 하고 싶다, 경제적으로 자유로워지고 싶다, 뭔가 의미 있는 일을 하며 살고 싶다. 머릿속에는 늘 그런 생각이 있었습니다. 하지만 생각만 했습니다. 행동하지 않았습니다.

아침에 눈을 뜨면 출근하고, 시키는 일을 하고, 퇴근하면 소파에 눕고, 주말이면 쉬었습니다. 매일 같은 패턴이 반복됐습니다. 그러다 보니, 처음에 가지고 있던 생각들이 조금씩 변질되기 시작했습니다.

'사업? 그거 위험하지 않나. 나 같은 사람이 뭘.' '경제적 자유? 현실적으로 불가능하지. 그냥 월급이나 받으면 다행이야.' '의미 있는 일? 그건 특별한 사람들 이야기고, 나는 그냥 먹고사는 것만 해도 벅차.'

생각이 삶을 바꾸는 것이 아니라, 삶이 생각을 바꿔버린 겁니다. 이것이 '사는 대로 생각하게 되는' 과정입니다.

무서운 점은, 이 과정이 아주 천천히, 본인도 모르게 일어난다는 겁니다. 어느 날 갑자기 꿈을 포기하는 것이 아닙니다. 매일 조금씩, 반복되는 일상에 길들여지면서, 원래 품었던 생각의 크기가 줄어듭니다. 10년이 지나면 처음의 생각은 흔적도 없이 사라져 있습니다. 남는 건 관성뿐입니다.

그리고 문득 아침 출근길에 생각합니다. '이게 내 인생인가.'

그 댓글을 쓴 분처럼요. 저의 30대처럼요. 그렇다면 어떻게 이 굴레에서 빠져나올 수 있을까요. '생각한 대로 사는 삶'은 어떻게 시작됩니까.

저는 이 책 전체를 통해 사실 이 하나의 질문에 답하고 있었는지도 모릅니다.

핵심은 단순합니다. 생각할 시간을 확보하는 것입니다.

'사는 대로 생각하게 되는' 이유는, 생각할 여유가 없기 때문입니다. 하루 종일 주어진 역할에 매몰되어 있으면, 내가 무엇을 원하는지 생각할 틈이 없습니다. 외부의 소음이 너무 크면, 내면의 목소리가 들리지 않습니다.

그래서 새벽이 중요한 겁니다.

새벽은 하루 중 유일하게, 외부의 요구가 멈추는 시간입니다. 아무도 저에게 무언가를 하라고 하지 않는 시간. 그 고요함 속에서 저는 비로소 제 자신에게 물을 수 있었습니다.

'나는 지금 어디로 가고 있는가.' '내가 진정으로 원하는 것은 무엇인가.' '지금 이 방향이 맞는가.' 이 질문들을 매일 아침 스스로에게 던지기 시작하면서, 삶의 방향이 달라지기 시작했습니다.

처음에는 답이 나오지 않았습니다. 그냥 질문만 던지고, 멍하니 앉아 있는 날도 많았습니다. 하지만 매일 이 시간을 갖다 보니, 조금씩 선명해지는 것이 있었습니다. 제가 두려워하는 것이 무엇인지, 제가 진짜로 하고 싶은 것이 무엇인지.

그리고 어느 순간, 생각에 그치지 않고 움직이기 시작했습니다. 책을 읽었고, 글을 썼고, 블로그를 시작했고, 고객을 만났고, 유튜브를 열었습니다. 이 모든 행동의 시작점은 새벽의 고요함 속에서 떠오른 '나는 이렇게 살고 싶다'는 하나의 생각이었습니다.

생각이 행동이 되고, 행동이 현실이 되었습니다.

지금 저는 매일 아침 스스로 정한 일정표대로 움직입니다. 누가 시키는 것이 아닙니다. 제가 하고 싶은 일을, 제가 정한 시간에, 제가 원하는 방식으로 합니다. 완벽하지는 않습니다. 예상치 못한 변수도 생기고, 계획대로 안 되는 날도 있습니다.

하지만 적어도, 사는 대로 끌려가고 있지는 않습니다.

제가 생각한 방향으로 걸어가고 있다는 감각. 이것만으로도 하루가 전혀 다릅니다. 같은 24시간인데, 끌려가는 24시간과 걸어가는 24시간은 밀도가 다릅니다. 아까 그 댓글을 쓰신 분에게, 저는 이런 답글을 달았습니다.

"10년째 같은 생각을 하고 계신다는 건, 아직 포기하지 않으셨다는 뜻입니다. 진짜 포기한 사람은 그 생각조차 하지 않습니다. 내일 새벽, 30분만 일찍 일어나서 그 생각을 종이에 적어보시겠습니까. 머릿속에서 꺼내어 눈으로 보는 순간, 무언가가 달라지기 시작할 겁니다."

생각한 대로 사는 삶은, 거창한 결심에서 시작되지 않습니다. 새벽의 고요한 시간에 나 자신에게 솔직한 질문을 하나 던지는 것. 그리고 그 답을 향해 아주 작은 한 걸음을 떼는 것. 그것이면 충분합니다.

· 오늘의 질문 ·

지금 이 순간, 당신은 끌려가고 있습니까, 걸어가고 있습니까?

✦

"생각한 대로 살지 않으면, 사는 대로 생각하게 된다."
— 폴 부르제

28

멀리 가려면 함께 가라

새벽 기상을 시작한 지 석 달쯤 됐을 때였습니다.

이상한 일이 벌어졌습니다. 제 주변 사람들이 저를 말리기 시작한 겁니다.

"뭘 그렇게 유난스럽게 사나. 그냥 편하게 살지." "새벽에 일어나서 뭘 한다고 달라지겠어? 니 팔자는 정해져 있어." "그러다 몸 망가져. 적당히 해."

선의에서 나온 말도 있었고, 진심으로 걱정해서 하는 말도 있었을 겁니다. 하지만 결과적으로, 그 말들은 제 발목을 잡았습니다.

사실 새벽에 일어나는 것 자체보다, 이 말들을 듣고도 흔들리지 않는 것이 더 어려웠습니다.

한번은 오랜 친구와 술자리에서 이런 이야기를 나눈 적이 있습니다. 제가 새벽 기상을 통해 변화하고 있다는 이야기를 신나게 했더니, 친구가 이렇게 말했습니다.

"야, 너 요즘 좀 이상해졌다. 옛날 네가 더 편했어."

그 말이 꽤 아팠습니다.

저를 격려해줄 거라 기대했는데, 돌아온 건 걱정도 응원도 아닌, '원래 자리로 돌아오라'는 무언의 압력이었습니다.

돌이켜보면, 이것은 그 친구만의 문제가 아니었습니다. 인간은 사회적 동물이라, 주변 사람들과 비슷한 수준을 유지하려는 본능이 있습니다. 내가 변하면, 주변이 불편해집니다. 같이 게으름을 피우던 사람이 갑자기 부지런해지면, 남은 사람은 자신의 게으름을 마주해야 하니까요.

이것이 환경의 힘입니다.

아무리 강한 의지를 가져도, 환경이 당신을 끌어내리면 버티기 어렵습니다. 혼자서 새벽에 일어나고, 혼자서 책을 읽고, 혼자서 글을 쓰면서, 동시에 주변의 '유난 떤다'는 시선까지 감당해야 합니다. 이 고독한 싸움을 의지력만으로 평생 지속하는 건 거의 불가능합니다.

그때 제가 깨달은 것이 있습니다.

혼자 가면 빨리 갈 수 있을지 모르지만, 멀리 갈 수는 없다는 것.

아프리카 속담이라고 하죠. "빨리 가려면 혼자 가고, 멀리 가려면 함께 가라."

저에게 인천행 새벽 기차 모임이 바로 그런 곳이었습니다. 그곳에서 만난 사람들은 저와 같은 처지에 있었습니다. 인생의 벼랑 끝에서, 그래도 다시 일어서겠다고 발버둥 치는 사람들이었습니다. 그들이 있었기 때문에, 저는 혼자였다면 넘지 못했을 고비를 넘길 수 있었습니다.

누군가가 "당신은 할 수 있습니다"라고 진심으로 말해주는 것. 처음에는 어색했지만, 그 말이 반복되자 얼어붙었던 제 마음이 조금씩 녹았습니다. 그리고 중요한 사실을 깨달았습니다. 응원은 받는 것만큼, 하는 것도 힘이 된다는 걸요. 다른 사람을 응원할 때, 그 말이 제 귀에도 들렸습니다.

이 경험이 나중에 제가 '새벽 기상 66일 챌린지'를 만든 이유가 되었습니다.

혼자서는 무너지더라도, 함께라면 일어설 수 있다는 걸 저 자신이 경험했으니까요.

챌린지는 단순합니다. 같은 목표를 가진 사람들이 모여서, 66일 동안 함께 새벽에 일어나는 겁니다. 매일 아침 인증을 하고, 서로 격려합니다.

별것 아닌 것 같지만, 효과는 놀랍습니다.

세 가지 이유 때문입니다.

하나, 포기하기가 어려워집니다.

혼자라면 '오늘 하루쯤은 괜찮겠지'라고 쉽게 넘어갈 수 있습니다. 하지만 50명, 100명이 함께 달리고 있으면 그게 쉽지 않습니다. 내가 빠지면 눈에 띕니다. '다른 사람들은 다 일어났는데 나만 빠졌다'는 생각이 이불 속의 유혹보다 강해집니다. 이건 의지력이 아니라 사회적 압력인데, 이 경우에는 긍정적인 압력입니다.

둘, 다른 사람의 성장이 나를 자극합니다.

챌린지에 참여하다 보면, 비슷한 시작점에서 출발한 사람이 조금씩 변해가는 모습을 목격하게 됩니다. '저 사람도 했으니 나도 할 수 있겠다'는 생각이 들기 시작합니다. 남의 성공을 부러워하는 것이 아니라, 남의 성장에서 용기를 얻는 겁니다.

셋, 혼자서는 볼 수 없는 길이 보입니다.

각자 다른 분야에서, 다른 경험을 가진 사람들이 모이면,

제가 미처 생각하지 못했던 방법이나 정보를 얻을 수 있습니다. 누군가의 작은 경험이 다른 사람에게는 결정적인 힌트가 됩니다.

챌린지에 참여했던 분들 중에, 끝나고 나서 이런 말씀을 하시는 분이 정말 많습니다.

"새벽 기상 자체보다, 함께 달리는 사람들이 있다는 게 더 큰 힘이었습니다."

저도 같은 생각입니다.

지금 이 글을 읽고 계신 분 중에도, 새벽 기상을 혼자 시도했다가 실패한 경험이 있으실 겁니다. 그리고 그 실패를 본인의 의지 탓으로 돌리셨을 겁니다.

하지만 어쩌면, 의지의 문제가 아니라 환경의 문제였을 수 있습니다.

당신의 주변을 한번 돌아보십시오. 당신이 변화하려 할 때, 응원해주는 사람이 있습니까. 아니면 '유난 떤다'며 원래 자리로 끌어내리는 사람이 더 많습니까.

만약 후자라면, 환경을 바꿔야 합니다.

당신과 같은 방향을 바라보는 사람들이 있는 곳으로 가야 합니다. 온라인이든 오프라인이든, 형태는 중요하지 않습니다. 중요한 건, 당신의 성장을 응원하고 자극하는 사람들 곁에 있는 겁니다.

혼자 걷는 길은 외롭고, 외로운 길은 오래 못 갑니다. 함께 걸으면 웃을 수 있고, 웃으며 걸으면 멀리까지 갈 수 있습니다.

저도 혼자였다면, 여기까지 오지 못했습니다.

29

나이 들수록
시간이 천천히 흐르는 법

―――――――― 지난 설날, 가족 모임에서 조카가 말했습니다.

"삼촌, 방학이 왜 이렇게 안 끝나요. 너무 길어요."

그 말을 듣고, 같은 식탁에 앉아 있던 어른들이 전부 웃었습니다.

"너는 안 끝나는 게 문제지. 우리는 벌써 끝난 게 문제야."

웃으면서 했던 말이었지만, 웃긴 말이 아니었습니다. 그 말이 제 마음을 정확히 짚어냈기 때문입니다.

시간이 빨라졌습니다.

분명 새해 다짐을 세운 게 엊그제 같은데, 정신 차리면 벌써 반 년이 지나 있습니다. '올해는 뭘 좀 해봐야지' 하다가, 어느새 다시 12월입니다. '내가 뭘 했지?' 하는 허무함과 함께.

10대 때의 1년과 50대의 1년이 같은 365일이라는 사실이 믿기지 않습니다. 같은 시간인데, 밀도가 너무 다릅니다.

왜 그럴까요.

오래 생각해봤습니다.

결론은, 우리 뇌가 '새로움'을 기준으로 시간의 길이를 판단하기 때문이었습니다.

어릴 때를 떠올려 보십시오. 매일이 새로웠습니다. 처음 가보는 곳, 처음 만나는 사람, 처음 배우는 것. 뇌는 이 새로운 경험들을 하나하나 생생하게 저장합니다. 그래서 돌아봤을 때, 기억할 것이 많고, 시간이 길게 느껴집니다.

하지만 나이가 들면 달라집니다. 같은 길을 걷고, 같은 사람을 만나고, 같은 일을 합니다. 뇌는 이미 경험한 것들을 대충 처리하고 압축합니다. 새로 저장할 것이 없으니까요. 그래서 한 달이 하루처럼, 1년이 한 달처럼 지나갑니다. 기억에 남는 것이 없으니, 시간이 존재하지 않았던 것처럼 느껴지는 겁니다.

무섭지 않으십니까.

이 속도대로라면, 남은 인생이 눈 깜짝할 사이에 지나가버

릴 수도 있습니다. 정년 맞고, 아이 결혼시키고, 정신 차리면 백발이 되어 있는 겁니다. '그때 좀 다르게 살걸'이라는 후회와 함께.

하지만 이 속도를 늦출 수 있는 방법이 있습니다.

새로움을 의도적으로 주입하는 겁니다.

뇌가 시간을 압축하는 이유가 '익숙함' 때문이라면, 반대로 '새로움'을 만들어주면 뇌는 다시 시간을 꼼꼼하게 기록하기 시작합니다.

저는 이것을 두 가지 방법으로 경험했습니다.

첫째, 매일 배우는 것입니다.

새벽에 일어나 책을 읽고, 글을 쓰고, 새로운 분야를 공부하는 것. 이 과정 자체가 뇌에 매일 새로운 자극을 줍니다. 어제 몰랐던 것을 오늘 알게 되는 경험은, 아무리 작아도 뇌에게는 '새로운 사건'입니다. 이 사건들이 쌓이면 시간의 밀도가 높아집니다.

돌이켜보면, 새벽 기상을 시작한 뒤의 시간이 그 전보다 훨씬 느리게 흐르는 느낌이 있습니다. 이상하게 들릴 수 있지만 사실입니다. 고시원에서 아무것도 하지 않던 시절에는 1년이 순식간에 지나갔는데, 매일 새벽에 무언가를 배우기 시작한 뒤로는 1년이 꽤 길게 느껴집니다. 기억할 것이 많아졌기 때문입니다.

올해 1분기에 어떤 책을 읽었는지, 어떤 글을 썼는지, 어떤 깨달음을 얻었는지 떠올릴 수 있습니다. 매일의 성장이 기억의 이정표가 되어, 시간이 그냥 흘러가지 않고 '기록'이 되는 겁니다.

둘째, 지금 이 순간에 깨어 있는 것입니다.

새벽 산책을 할 때, 저는 의식적으로 주변을 봅니다. 매일 같은 길을 걷지만, 어제와 다른 것을 찾으려 합니다. 새로 핀 꽃, 달라진 하늘색, 처음 듣는 새소리. 이렇게 의식적으로 감각을 열면, 같은 풍경도 매일 다르게 느껴집니다.

스마트폰을 보며 걸으면, 30분이 3분처럼 지나갑니다. 주변을 느끼며 걸으면, 같은 30분이 훨씬 길고 풍부하게 느껴집니다.

이것은 과거의 일을 기억하는 문제가 아니라, 지금 이 순간을 얼마나 충실하게 살고 있느냐의 문제입니다.

자동 조종 모드로 하루를 보내면, 그 하루는 뇌에 기록되지 않습니다. 없었던 하루가 됩니다. 하지만 깨어 있는 상태로 하루를 보내면, 그 하루는 선명하게 남습니다.

어린 시절 시간이 느리게 간 건, 아이가 특별해서가 아닙니다. 아이는 매 순간 깨어 있으니까요. 모든 것이 신기하고,

모든 것에 집중합니다. 어른이 되면서 우리는 그 능력을 잃어버린 겁니다. 하지만 잃어버린 것이지, 사라진 것은 아닙니다. 의식적으로 연습하면 되살릴 수 있습니다.

새벽은 이 연습을 하기에 최적의 시간입니다.

세상이 고요하고, 감각이 예민해지는 시간이니까요.

조카에게 방학이 길게 느껴지는 것처럼, 우리에게도 시간이 천천히 흐를 수 있습니다. 매일 새로운 것을 배우고, 매 순간 깨어 있으면 됩니다.

1년 뒤, 올해를 돌아볼 때 "시간이 화살처럼 지나갔다"고 한탄하는 대신, "올해 참 많은 것을 했다"고 말할 수 있다면.

그것이야말로 시간의 자유가 아닐까 합니다.

오늘의 질문

올해, 선명하게 기억나는 순간이 몇 개나 있습니까?

✦

"매일 새로운 것을 배우는 사람의
시계는 천천히 흐른다."

30

새벽 3시,
갇혀 있던 엄마의 탈출

———— 홍혜진 님(가명)의 이야기를 하겠습니다.

이분을 처음 만난 건 새벽 기상 챌린지를 통해서였습니다. 참가 신청서에 적혀 있던 문장이 기억납니다.

"저는 지금 갇혀 있습니다."

두 아이를 키우는 30대 후반의 전업주부였습니다. 남편은 매일 야근이었고, 양가 부모님의 도움도 없었습니다. 아이들이 잠든 밤이 되어야 겨우 자기 시간이 생겼지만, 그때쯤이면 녹초가 되어 소파에 쓰러지는 게 전부였습니다.

하루가 똑같았습니다. 아침에 아이들 밥을 챙기고, 어린이 집에 보내고, 집을 치우고, 장을 보고, 다시 아이들을 데려오고, 저녁을 차리고, 재우고. 이 순환이 끝없이 반복됐습니다.

"가끔 화장실에 숨어서 울었어요."

나중에 이야기를 나누면서 들은 말입니다. 남편에게 불만이 있었던 건 아닙니다. 아이들이 미운 것도 아니었습니다. 다만, '나'라는 사람이 사라지고 있었습니다. 엄마로, 아내로, 며느리로만 존재하다 보니, 정작 '홍혜진'은 어디에도 없었습니다.

"나는 뭘 좋아하는 사람이었지? 나는 뭘 하고 싶은 사람이었지? 기억이 안 나요."

이 말이 저에게 깊이 와닿았습니다. 제가 쪽방촌에서 느꼈던 것과 본질이 같았습니다. 형태는 달랐지만, '나를 잃어버렸다'는 감각은 똑같았습니다.

혜진 님은 챌린지에 참여하면서, 보통의 새벽 기상 시간보다 더 이른 시간을 선택했습니다.

새벽 3시.

아이들이 깨는 시간이 6시였기 때문입니다. 5시에 일어나면 1시간밖에 없습니다. 4시에 일어나도 2시간. 그래서 3시를 택했습니다. 아이들이 깨기 전까지 3시간. 하루 중 유일하게 '엄마'가 아닌 '나'일 수 있는 시간.

3시에 일어나는 게 쉬웠을 리 없습니다. 밤 10시에 아이들을 재우고 나면, 본인도 쓰러지듯 잠들었습니다. 5시간 수면. 부족했을 겁니다. 하지만 혜진 님은 이렇게 말했습니다.

"피곤한 건 원래도 피곤했어요. 잠을 더 자도 피곤하긴 마찬가지였어요. 차라리 피곤하더라도 나를 위한 시간이 있는 쪽이 낫더라고요."

그 시간에 혜진 님이 한 일은 거창하지 않았습니다.

처음 한 달은, 그냥 조용한 거실에 앉아 있었답니다. 아무것도 하지 않고, 고요함을 느꼈습니다. 하루 종일 아이들의 울음소리, 요구, 잔소리에 둘러싸여 있다가, 새벽 3시의 적막 속에 혼자 앉아 있으니 눈물이 났다고 합니다. 그런데 그 눈물이 슬픈 눈물이 아니었습니다.

"살아 있구나, 하는 느낌이었어요. 오랜만에 나를 느꼈어요."

한 달이 지나자, 조금씩 뭔가를 하기 시작했습니다.

예전에 좋아했던 글쓰기를 떠올렸습니다. 대학 시절 문예 동아리에서 활동했던 기억이 아련하게 남아 있었습니다. 블로그를 하나 만들었습니다. 제목을 뭘로 할지 한참 고민하다가, '새벽 3시 엄마의 일기'라고 정했습니다.

처음 올린 글은 이런 내용이었습니다.

"오늘도 새벽 3시에 일어났다. 거실 불을 켜지 않고 어둠 속에 앉아 있다. 아이들 숨소리가 방에서 들린다. 이 고요함이 나를 살려주고 있다."

이 글에 댓글이 달리기 시작했습니다. "저도 같은 상황입니다", "저도 갇혀 있는 느낌이에요", "어떻게 3시에 일어나세요?" 비슷한 처지에 있는 분들이 하나둘 모이기 시작했습니다.

혜진 님은 매일 새벽 한 편씩 글을 올렸습니다. 목숨처럼 지켰다고 합니다. 그게 하루 중 유일하게 '홍혜진'으로 존재하는 시간이었으니까요.

6개월이 지났을 때, 놀라운 일이 벌어졌습니다.

블로그에 꾸준히 쌓인 글들이 사람들의 공감을 사기 시작하면서, 출판사에서 연락이 왔습니다. "책을 내보실 생각이 있으십니까?"

그 뒤의 이야기는 짧게 말씀드리겠습니다. 혜진 님은 책을 출간했습니다. 그 책이 반응을 얻으면서, 블로그 글쓰기 강의를 시작했습니다. 비슷한 상황에 있는 엄마들을 대상으로, '새벽 시간을 활용한 글쓰기'를 가르쳤습니다.

지금 혜진 님은 작가이자 강사입니다.

전업주부에서, 자기 이름으로 일하는 사람이 된 겁니다.

아이들에게 이제는 다른 모습을 보여줍니다. "엄마도 자기가 좋아하는 일을 하는 사람"이라는 모습을.

가장 인상 깊었던 말이 있습니다.

제가 "가장 큰 변화가 뭐였냐"고 여쭤봤을 때, 혜진 님이 이렇게 대답했습니다.

"아이들에게 짜증을 덜 내게 됐어요."

예상 밖의 대답이었습니다.

"새벽에 나만의 시간을 가지니까, 낮에 아이들을 대할 때 여유가 생기더라고요. 예전에는 하루 종일 아이들에게 시달리다 보면 폭발할 것 같았는데, 새벽에 미리 나를 채워놓으니까 견딜 수 있는 힘이 생긴 거예요."

나를 먼저 돌봐야, 남도 돌볼 수 있다는 것. 이기적인 이야기가 아닙니다. 비행기에서 산소마스크를 본인이 먼저 쓰고, 그다음에 아이에게 씌우라고 하는 것과 같은 이치입니다.

혜진 님의 이야기를 여기서 꺼낸 이유가 있습니다.

새벽 기상이 누군가에게는 성공을 위한 전략이고, 누군가에게는 돈을 벌기 위한 수단이겠지만, 이분에게는 말 그대로 '탈출'이었습니다. 갇혀 있던 삶에서, 자기 자신을 찾아 나온 것.

그리고 그 탈출구는 거창한 곳에 있지 않았습니다.

새벽 3시. 아이들이 깨기 전. 불 꺼진 거실.

그 어둠 속에서 혜진 님은 잃어버렸던 자기 자신을 되찾았습니다.

당신이 되찾고 싶은 '나'는 어떤 모습입니까?

✦

"나를 먼저 돌봐야 사랑하는 사람도 돌볼 수 있다."

31

무기력했던 40대 가장이
삶의 주인이 되기까지

──────── 박정훈 님(가명)은 눈에 띄지 않는 사람이었습니다.

대기업 부장. 연봉은 나쁘지 않았고, 아이 둘에 아파트도 있었습니다. 주변에서 보면 모자랄 것 없는 중년 가장이었습니다.

하지만 챌린지 첫 만남에서 정훈 님이 꺼낸 첫마디는 이것이었습니다.

"저, 요즘 아침에 눈을 뜨기가 싫습니다."

조용한 목소리였습니다. 부끄러운 듯 고개를 약간 숙이고 있었습니다.

이야기를 들어보니, 직장에서 번아웃이 온 상태였습니다. 20년 가까이 같은 회사에서 일했는데, 승진은 막혔고, 후배들이 치고 올라오고 있었습니다. 매일 회의에 앉아 있지만 자기가 왜 거기 앉아 있는지 모르겠다고 했습니다.

"열심히 살았는데, 뭘 위해 이렇게 살았나 하는 생각이 듭니다."

퇴근하면 소파에 누웠습니다. 아내가 말을 걸면 귀찮았습니다. 아이들이 와도 반응이 없었습니다. 주말에는 하루 종일 잠만 잤습니다. 자도 자도 피곤했습니다. 병원에 갔지만 특별한 이상은 없다고 했습니다.

몸이 아픈 게 아니라, 마음의 연료가 바닥난 상태였습니다.

정훈 님은 지푸라기라도 잡는 심정으로 챌린지에 참여했습니다.

처음 2주, 그에게 가장 어려웠던 건 새벽에 일어나는 것이 아니었습니다.

"일어나서 뭘 할지 모르겠는 게 더 힘들었어요."

맞는 말이었습니다. 20년 동안 누군가 시키는 일만 해온 사람이, 갑자기 '나를 위해 뭔가를 하라'고 하면 막막합니다.

시킬 사람이 없으니까요.

저는 제가 늘 하는 이야기를 드렸습니다. 처음부터 거창하게 하지 않아도 된다고. 일어나서 동네 한 바퀴만 걸어보시라고.

정훈 님은 다음 날 새벽, 집 앞 공원을 걸었습니다.

20분 걸었습니다. 그게 전부였습니다.

그런데 돌아오면서 이상한 느낌이 들었다고 합니다.

"오랜만에 머릿속이 조용했어요. 회사에서는 늘 누군가의 목소리가 들리거든요. 상사 목소리, 후배 목소리, 고객 목소리. 근데 새벽 공원에는 아무 소리도 없었어요. 제 발소리랑 새소리만 있었어요."

그 느낌이 좋아서, 다음 날도 걸었습니다. 그다음 날도요.

일주일쯤 지나자, 산책 후에 집에 와서 뭔가를 하고 싶어졌습니다. 책꽂이에서 먼지 쌓인 책을 한 권 꺼냈습니다. 오래전에 사놓고 읽지 않았던 책이었습니다. 새벽에 읽으니 머릿속에 들어왔습니다.

한 달이 지나자, 정훈 님에게 변화가 나타나기 시작했습니다.

아침에 눈 뜨는 게 덜 괴로워졌습니다. 회사에서의 무기력함이 조금 줄었습니다. 주말에 하루 종일 자는 대신, 아이들과 밖에 나갔습니다. 아내가 먼저 알아차렸습니다. "당신, 요즘 좀 달라진 것 같다."

석 달이 지나자, 더 큰 변화가 왔습니다.

정훈 님은 새벽에 읽은 책에서 영감을 받아, 회사 내에서 새로운 프로젝트를 제안했습니다. 막혀 있던 승진과는 상관없는, 본인이 진짜 해보고 싶었던 분야의 프로젝트였습니다. 놀랍게도 상사가 승인했습니다.

"예전에는 시킨 일만 했어요. 제안 같은 건 생각해본 적도 없었습니다. 근데 새벽에 책을 읽다 보니, 아이디어가 떠오르더라고요. 그걸 글로 정리해서 제안했더니, 통과가 됐습니다."

이것이 계기가 되어 정훈 님은 회사 안에서의 위치가 달라지기 시작했습니다. 더 중요한 건, 회사 밖에서의 변화였습니다. 새벽에 쌓아온 독서와 글쓰기가 조금씩 결과물이 되면서, 정훈 님은 퇴직 후에 뭘 할 수 있을지가 보이기 시작했습니다.

"이전에는 정년이 두려웠어요. 이제는 기다려지기도 합니다."

1년이 지난 뒤, 정훈 님을 다시 만났을 때 그는 전혀 다른 사람이었습니다.

눈빛이 달랐습니다. 고개를 숙이고 "아침에 눈 뜨기 싫다"

고 하던 그 사람이, 똑바로 저를 보며 이야기하고 있었습니다. 목소리에 힘이 있었습니다.

제가 물었습니다. "가장 달라진 게 뭡니까?"

정훈 님이 잠깐 생각하더니, 이렇게 대답했습니다.

"삶의 주인이 된 것 같습니다."

짧은 대답이었지만, 그 안에 1년간의 모든 변화가 담겨 있었습니다.

끌려다니던 사람이, 걸어가는 사람이 된 것.

정훈 님의 이야기에서 제가 가장 주목하는 부분은, 그가 회사를 그만두거나 대단한 사업을 시작한 것이 아니라는 점입니다. 같은 회사에 다니고 있고, 같은 집에 살고 있고, 가족 구성도 그대로입니다. 외부 환경은 거의 달라지지 않았습니다.

달라진 건 그 자신이었습니다.

매일 새벽, 남들보다 먼저 일어나 걷고, 읽고, 생각하는 시간을 가진 것. 그것이 무기력했던 한 남자의 내면을 바꿨고, 바뀐 내면이 같은 환경을 전혀 다르게 살게 만들었습니다.

혜진 님은 새벽에서 자기 자신을 되찾았고, 정훈 님은 새벽에서 삶의 주도권을 되찾았습니다.

이분들의 이야기를 두 편 연달아 한 이유가 있습니다.

새벽 기상은 특정한 사람만을 위한 것이 아니라는 걸 보여드리고 싶었습니다. 전업주부든 직장인이든, 30대든 50대든, 남자든 여자든. 상황은 달라도, 새벽이 주는 힘은 같았습니다.

'나를 위한 시간'을 확보하는 것. 그것이 모든 변화의 시작이었습니다.

외부 환경이 아니라 내면이 달라진다면, 지금의 삶이 어떻게 보일까요?

✦

"나를 위한 시간을 확보하는 것.
그것이 모든 변화의 시작이다."

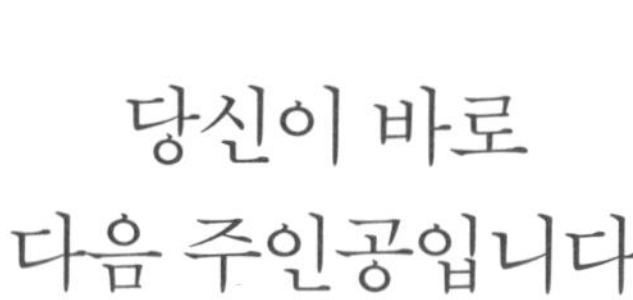

당신이 바로
다음 주인공입니다

———————— 이 책의 마지막 장입니다.

여기까지 읽어주신 당신에게, 감사의 마음을 먼저 전합니다. 긴 여정이었습니다. 쪽방촌의 절망에서 시작해, 새벽의 발견, 귀찮음과의 전쟁, 삼각편대를 통한 성장, 그리고 마침내 자유에 이르기까지. 제 인생의 가장 부끄러운 순간부터 가장 감사한 순간까지, 모두 꺼내놓았습니다.

솔직히 말하면, 쓰면서 여러 번 손이 멈췄습니다.

고시원에서 통장의 143원을 바라보던 이야기, 아버지를 제대로 모시지 못한 이야기, 운전 중에 졸아서 사고가 날 뻔

한 이야기. 이런 것들을 책에 쓰는 게 쉽지 않았습니다. 부끄럽기도 했고, 아프기도 했습니다. 그런데 그 순간마다, 이 책을 읽고 계실 분의 얼굴이 떠올랐습니다.

아마도 지금, 인생의 어떤 전환점에 서 계신 분일 겁니다. 직장 생활에 지쳐 있거나, 정년을 앞두고 막막하거나, 뭔가를 바꿔야 한다는 건 아는데 어디서부터 시작해야 할지 모르겠는 분. 밤에 잠들기 전 천장을 보며 불안을 느끼시는 분.

그 분에게, 제 이야기가 조금이라도 도움이 된다면. 그 생각으로 부끄러움을 견디며 썼습니다.

이제 한 가지만 더 이야기하고 싶습니다. 이 책에 등장한 사람들을 떠올려 보십시오.

쪽방촌에서 막노동을 하던 저. 3,000권을 읽고도 변하지 않다가 5권으로 인생을 바꾼 사람. 월 100만 원에서 1천만 원으로 수입이 뛴 중개 보조. 5년 만에 30억 자산을 만든 직장인 김 씨. 새벽 3시에 거실에 앉아 울던 엄마 홍혜진 님. 아침에 눈 뜨기 싫다던 가장 박정훈 님.

이분들의 공통점이 무엇이겠습니까.

특별한 재능이 있었던 것이 아닙니다. 남다른 환경이 주어진 것도 아닙니다. 학벌이 좋았던 것도, 인맥이 있었던 것도 아닙니다.

공통점은 딱 세 가지입니다.

절박했습니다. 지금 이대로는 안 된다는 것을 느꼈습니다.

실천했습니다. 알고만 있지 않고, 작은 것이라도 행동으로 옮겼습니다.

꾸준했습니다. 하루 이틀 하고 그만둔 것이 아니라, 넘어져도 다음 날 다시 일어났습니다.

이 세 가지 중에, 당신이 가지고 있지 않은 것이 있습니까.

절박함. 이 책을 여기까지 읽으셨다는 것 자체가 증거입니다. 아무 생각 없이 이 책을 집어 든 분은 없을 겁니다. 뭔가를 바꾸고 싶은 마음이 있으니까 이 페이지까지 오신 겁니다.

실천할 능력. 내일 새벽, 평소보다 30분 일찍 알람을 맞추는 것. 이것은 누구에게나 가능한 행동입니다. 돈이 들지 않습니다. 허가가 필요하지 않습니다. 누구의 승인도 필요 없습니다. 오직 당신의 손가락으로 알람을 맞추기만 하면 됩니다.

꾸준함. 이것은 아직 모릅니다. 해봐야 압니다. 하지만 이 책에서 이야기한 방법들—66일의 법칙, 이틀 연속 거르지 않기, 함께하는 사람 찾기—이 도움이 될 겁니다.

이 책에서 저는 많은 이야기를 했습니다. 뇌과학도 이야기했고, 심리학도 이야기했고, 실천 전략도 이야기했습니다.

하지만 결국 이 모든 것을 한 문장으로 줄이면 이것입

니다.

내일 아침, 조금 더 일찍 일어나 보십시오. 그리고 그 시간에, 당신을 위한 무언가를 하십시오.

산책이든, 독서든, 글쓰기든, 아니면 그냥 조용히 앉아서 생각하는 것이든. 무엇을 하느냐보다, '나를 위한 시간'을 가졌다는 사실 자체가 중요합니다.

그 30분이 1주일이 되고, 1주일이 한 달이 되고, 한 달이 66일이 되면.

당신은 지금의 당신과 다른 사람이 되어 있을 겁니다.

저는 그것을 봤습니다. 제 자신에게서 봤고, 김 씨에게서 봤고, 혜진 님에게서 봤고, 정훈 님에게서 봤습니다. 새벽 기상 챌린지를 함께한 수많은 분에게서 봤습니다.

매번 같은 패턴이었습니다.

처음에는 힘들어합니다. 2주쯤 되면 포기하고 싶어합니다. 한 달이 지나면 조금 익숙해집니다. 두 달이 지나면 "이상하게 안 하면 허전하다"고 합니다. 석 달이 지나면 눈빛이 달라져 있습니다.

그 눈빛을 저는 수없이 봤습니다.

이제 그 눈빛을 당신에게서 보고 싶습니다.

이 책의 제목은 「단희쌤의 새벽 수업」입니다.

기적이라는 단어를 가볍게 쓴 것이 아닙니다. 제 인생에 일어난 일은, 제가 봐도 기적이니까요. 쪽방촌에서 막노동을 하던 사람이 지금 이 자리에 있다는 것. 이것을 기적이라 부르지 않으면 무엇이라 부르겠습니까.

하지만 이 기적은 하늘에서 내려온 것이 아닙니다.

매일 새벽, 이불을 걷어내고 일어선 수천 번의 아침이 만든 것입니다.

당신에게도 그 기적이 찾아올 겁니다.

다만, 기적은 기다리는 사람에게 오지 않습니다. 매일 아침 한 발짝씩 걸어가는 사람에게 옵니다.

이 책에 등장한 모든 이야기는, 당신의 이야기가 될 수 있습니다.

아니, 되었으면 합니다.

당신이 바로 다음 주인공입니다.

· 오늘의 질문 ·

내일 아침, 몇 시에 알람을 맞추시겠습니까?

◆

"새벽은 배신하지 않는다."

여기까지 걸어오셨습니다.

이제 거의 다 왔습니다.

네 번째 편지 — PART 4를 마치며

여기까지 함께해 주셔서 진심으로 감사합니다.

이 책을 쓰는 동안, 저는 계속 한 분의 얼굴을 떠올렸습니다.

밤에 잠들기 전 천장을 바라보며 불안을 느끼는 분.

뭔가를 바꿔야 한다는 건 아는데 어디서부터 시작할지 모르는 분.

이 책을 집어 든 이유가 분명히 있을 그분.

혹시 그분이 당신이라면, 한 가지만 부탁드려도 될까요.

내일 아침, 평소보다 30분만 일찍 알람을 맞춰주세요.

그리고 눈을 떠주세요. 그것 하나면 됩니다.

나머지는 새벽이 알려줄 겁니다.

— 새벽에, 단희쌤

(*epilogue*)

오늘도 새벽 4시 30분,
눈이 떠집니다

2026년. 새벽 4시 30분.

알람이 울리기 전에 눈이 떠졌습니다.

어둠 속에서 잠시 천장을 바라봅니다. 20년 전에도 저는 천장을 바라보며 하루를 시작했습니다. 하지만 그때의 천장과 지금의 천장은 다릅니다. 그때는 곰팡이가 핀 고시원 천장이었고, 지금은 북한산 자락 아래 제 집의 천장입니다.

같은 시간입니다. 같은 행동입니다.

눈을 뜨고, 일어나고, 창문을 엽니다.

하지만 모든 것이 다릅니다.

창문을 열면 차가운 공기가 밀려듭니다. 이것만큼은 그때

나 지금이나 같습니다. 새벽 공기는 변하지 않았습니다. 코끝을 스치는 이 시린 감각이, 20년 전이나 오늘이나 저를 깨워줍니다.

깊이 숨을 들이마십니다. 하나, 둘, 셋, 넷, 다섯, 여섯, 일곱.

방문을 열면 코코(반려견)가 달려옵니다. 이 녀석은 제가 문을 열기도 전에 이미 알고 기다리고 있습니다. 꼬리를 미친 듯이 흔들며 제 발치에 코를 묻습니다. 매일 아침 처음인 것처럼 반겨줍니다.

거실로 나가면 어머니가 계십니다.

여든이 넘으셨습니다. 허리가 많이 굽으셨습니다. 예전만큼 빠르게 움직이지 못하십니다. 하지만 오늘도, 아들보다 먼저 일어나 따뜻한 꿀물을 준비해 놓으셨습니다.

"오늘도 일찍 일어났네."

어머니가 웃으시며 꿀물을 건네십니다.

이 장면이 매일 반복됩니다. 매일 같은 대화, 매일 같은 꿀물, 매일 같은 미소. 하지만 저는 압니다. 이 '매일'이 영원하지 않다는 것을. 어머니와 이렇게 아침을 나눌 수 있는 날이, 셀 수 있을 만큼밖에 남지 않았다는 것을.

그래서 오늘 아침에도 천천히 마십니다. 꿀물의 따뜻함이 목을 타고 내려가는 감각에 집중합니다. 어머니의 잔소리에 귀를 기울입니다.

"날씨 추우니 옷 따뜻하게 입어라."

20년 전에도 같은 말씀을 하셨을 겁니다. 그때는 제가 들을 수 있는 상황이 아니었을 뿐입니다.

지금은 듣습니다. 듣고 싶습니다. 이 목소리가 들리는 것이 얼마나 감사한 일인지, 아버지를 잃어본 뒤에야 알게 되었습니다.

집을 나섭니다.

새벽 공기가 온몸을 감쌉니다. 산책로를 걸으며 새소리를 듣습니다. 하늘이 서서히 밝아오는 것을 봅니다.

가끔, 걸으면서 20년 전의 제가 떠오릅니다.

영등포 고시원에서 나와 인력시장으로 향하던 새벽. 차가운 바람을 맞으며 버스 정류장에 서 있던 그 사람. 주머니에 동전 몇 개가 전부였던 그 사람. 살아야 할 이유를 찾지 못해 발걸음이 무거웠던 그 사람.

그 사람과 지금의 제가 같은 사람이라는 것이, 가끔은 믿기지 않습니다.

하지만 같은 사람입니다.

달라진 것은 딱 하나. 매일 새벽에 눈을 떴다는 것.

그것뿐입니다.

물론 새벽 기상이 마법의 지팡이는 아닙니다. 일어난다고 모든 것이 저절로 해결되는 것은 아닙니다. 쪽방촌에서 지금의 자리까지 오는 동안, 셀 수 없이 넘어졌고, 실패했고, 포기하고 싶었습니다.

하지만 넘어진 다음 날 아침에도, 새벽은 찾아왔습니다.

그리고 저는 다시 일어났습니다.

이 단순한 반복이, 20년이라는 시간 동안 쌓여서, 결국 기적이 되었습니다.

이 책을 쓰는 내내, 한 가지 질문이 머릿속을 떠나지 않았습니다.

'내가 이런 이야기를 할 자격이 있을까.'

저는 대단한 사람이 아닙니다. 타고난 재능이 있는 것도 아니고, 특별한 배경이 있는 것도 아닙니다. 수십 년을 허비하고, 사업에 실패하고, 쪽방촌까지 떨어진 사람입니다.

하지만 어쩌면, 그래서 이 이야기를 할 수 있는 것인지도 모릅니다.

처음부터 잘나간 사람의 이야기는 감탄은 주지만, 용기는 주지 못합니다. '저 사람이니까 된 거지'라는 생각이 들기 때문입니다.

가장 낮은 곳에서 시작한 사람의 이야기가, 같은 자리에 있는 누군가에게는 가장 현실적인 희망이 될 수 있다고 생각합니다.

'저런 사람도 했으면, 나도 할 수 있지 않을까.'

이 한 문장이 누군가의 마음에 닿았으면 합니다.

산책을 마치고 집으로 돌아옵니다.

책상에 앉습니다. 이 책의 마지막 문장을 씁니다.

창밖이 밝아오고 있습니다. 오늘도 새벽이 지나고, 아침이 옵니다.

20년 전, 인천행 새벽 기차를 타던 그 아침에도, 어둠 뒤에는 이렇게 빛이 찾아왔습니다.

그때의 저는 그 빛을 볼 여유가 없었습니다. 하지만 빛은 제가 보든 보지 않든, 매일 아침 찾아왔습니다.

당신의 새벽에도 빛은 찾아올 겁니다.

다만, 눈을 떠야 볼 수 있습니다.

내일 아침, 눈을 떠주십시오.

당신의 새벽이 시작됩니다.

나의 새벽 66일

— 새벽은 배신하지 않는다 —

「단희쌤의 새벽 수업」 특별 부록

이 소책자를 펼친 당신에게

이 작은 책은 「단희쌤의 새벽 수업」을 읽고,

한 걸음을 내딛기로 결심한 당신을 위해 만들었습니다.

66일. 길어 보이지만, 당신 인생에서 아주 작은 시간입니다.

앞으로 살아갈 수십 년에 비하면, 66일은 아무것도 아닙니다.

하지만 이 66일이 나머지 수십 년의 방향을 바꿀 수 있습니다.

이 소책자의 사용법은 단순합니다.

매일 새벽에 일어나면, 이 책을 펴서

오늘 날짜에 ✔ 표시를 합니다. 그리고 한 줄을 적습니다.

오늘의 기분, 떠오른 생각, 아무거나 좋습니다. 한 줄이면 됩니다.

그것뿐입니다. 완벽하지 않아도 됩니다.

하루를 거를 수도 있습니다. 괜찮습니다. 단 하나, 이것만 지켜주세요.

이틀 연속으로 거르지 않는 것.

이 원칙 하나면 충분합니다. 나머지는 시간이 해줍니다.

준비되셨습니까? 당신의 새벽이 시작됩니다.

나의 약속

이 페이지는 시작하기 전에 작성합니다.

오늘 날짜: __________년 _____월 _____일

나의 목표 기상 시간: 새벽 _____시 _____분

✦ 내가 새벽을 시작하는 이유:

____

____

____

✦ 66일 뒤, 나는 이런 사람이 되어 있고 싶습니다:

____

____

____

✦ 이 여정을 함께할 사람(있다면):

____

____

____

✦ **나와의 약속:**

나, _______________은(는)

오늘부터 66일간, 매일 새벽 _______시 _______분에 일어나겠습니다.

완벽하지 않아도 괜찮습니다.

다만, 이틀 연속으로 거르지 않겠습니다.

넘어지면, 다음 날 다시 일어나겠습니다.

서명: _______________

✦ **66일의 여정을 시작하기 전에**

66일은 세 구간으로 나뉩니다. 각 구간의 특징을 미리 알면, 포기하고 싶은 순간에 버틸 힘이 됩니다.

✦ **1구간: 고통의 시기** (1일~20일)

가장 힘든 시기입니다.

뇌가 온 힘을 다해 저항하기에 매일 아침이 전쟁입니다. 이 시기의 목표는 "잘하는 것"이 아니라 "하는 것"입니다. 일어나서 물 한 잔 마시고 다시 누워도 괜찮습니다. 눈을 떴다는 것 자체가 승리입니다.

> **이 시기에 기억할 문장**
> "시작이 99%다. 나머지 1%는 관성이 해준다."

✦ 2구간: 갈등의 시기 (21일~40일)

고통은 줄었지만, 지루해지는 시기입니다.

몸이 조금 익숙해졌습니다. 하지만 아직 자동은 아닙니다. 이때 가장 위험한 말은 "하루쯤 괜찮겠지"입니다. 이 한 번의 타협이 이틀이 되고, 이틀이 일주일이 됩니다.

혼자 하기 어려우면, 함께할 사람을 찾으세요.

> **이 시기에 기억할 문장**
> "혼자 걷는 길은 외롭고, 외로운 길은 오래 못 간다."

✦ 3구간: 자동화의 시기 (41일~66일)

어느 날 문득 깨닫게 됩니다.

알람이 울리기 전에 눈이 떠진다는 걸. 이불 속에서 버둥거리는 시간이 짧아졌다는 걸. 일어나는 것이 고통이 아니라, 그냥 일상이 되었다는 걸.

거의 다 왔습니다. 멈추지 마세요.

> **이 시기에 기억할 문장**
> "처음에는 생존이었다. 지금은 사랑이다."

✦ **1주차 (1일~7일)**

"수십억짜리 꿈을 가로막는 것이 이불 속의 따뜻함이라니."

일차	날짜	기상 시간	✔	오늘 한 줄
1일	/	:	○	
2일	/	:	○	
3일	/	:	○	
4일	/	:	○	
5일	/	:	○	
6일	/	:	○	
7일	/	:	○	

✦ **1주차를 마치며:**

7일 중 ________일 성공.

이번 주 나에게 한마디:

✦ **2주차 (8일~14일)**

"뇌와 싸우지 마라. 뇌가 편이 되어주는 시간을 골라라."

일차	날짜	기상 시간	✔	오늘 한 줄
8일	/	:	○	
9일	/	:	○	
10일	/	:	○	
11일	/	:	○	
12일	/	:	○	
13일	/	:	○	
14일	/	:	○	

✦ **2주차를 마치며:**

7일 중 ________일 성공.

이번 주 나에게 한마디:

"적의 얼굴을 아는 것만으로도, 절반은 이긴 것이다."

— 1구간(고통의 시기)이 끝나갑니다. 여기까지 온 것만으로 대단합니다.

일차	날짜	기상 시간	✔	오늘 한 줄
15일	/	:	○	
16일	/	:	○	
17일	/	:	○	
18일	/	:	○	
19일	/	:	○	
20일	/	:	○	
21일	/	:	○	

✦ **3주차를 마치며:**

7일 중 ________일 성공.

이번 주 나에게 한마디:

1구간 완료 (1일~21일)

- 고통의 시기를 통과했습니다.

- 21일 중 _________일 성공.

- 가장 힘들었던 날: _________일차.

- 그날의 기억:

- 그래도 다시 일어난 이유:

✦ **4주차 (22일~28일)**

"오늘 하루만 이기면 된다. 내일은 내일 생각한다."

일차	날짜	기상 시간	✔	오늘 한 줄
22일	/	:	○	
23일	/	:	○	
24일	/	:	○	
25일	/	:	○	
26일	/	:	○	
27일	/	:	○	
28일	/	:	○	

✦ **4주차를 마치며:**

7일 중 _________일 성공.

이번 주 나에게 한마디:

"뇌와 싸우지 마라. 뇌가 편이 되어주는 시간을 골라라."

일차	날짜	기상 시간	✔	오늘 한 줄
29일	/	:	○	
30일	/	:	○	
31일	/	:	○	
32일	/	:	○	
33일	/	:	○	
34일	/	:	○	
35일	/	:	○	

✦ 5주차를 마치며:

7일 중 _________일 성공.

이번 주 나에게 한마디:

✦ **6주차 (36일~42일)**

"소풍날의 아이처럼 잠들고, 소풍날의 아이처럼 눈을 뜨는 것."

— 2구간(갈등의 시기)이 끝나갑니다. 지루함을 이겨낸 당신, 정말 대단합니다.

일차	날짜	기상 시간	✔	오늘 한 줄
36일	/	:	○	
37일	/	:	○	
38일	/	:	○	
39일	/	:	○	
40일	/	:	○	
41일	/	:	○	
42일	/	:	○	

✦ **6주차를 마치며:**

7일 중 _________일 성공.

이번 주 나에게 한마디:

2구간 완료 (22일~42일)

- 갈등의 시기를 통과했습니다.

- 21일 중 ________일 성공.

- 이 시기에 가장 큰 변화:

- 나를 도와준 사람이 있다면:

✦ **7주차 (43일~49일)**

"전문가라서 글을 쓰는 것이 아니다. 글을 쓰기 때문에 전문가가 된다."

일차	날짜	기상 시간	✔	오늘 한 줄
43일	/	:	○	
44일	/	:	○	
45일	/	:	○	
46일	/	:	○	
47일	/	:	○	
48일	/	:	○	
49일	/	:	○	

✦ **7주차를 마치며:**

7일 중 ________일 성공.

이번 주 나에게 한마디:

✦ **8주차 (50일~56일)**

"매일 새로운 것을 배우는 사람의 시계는 천천히 흐른다."

일차	날짜	기상 시간	✔	오늘 한 줄
50일	/	:	○	
51일	/	:	○	
52일	/	:	○	
53일	/	:	○	
54일	/	:	○	
55일	/	:	○	
56일	/	:	○	

✦ **8주차를 마치며:**

7일 중 _________일 성공.

이번 주 나에게 한마디:

"기적은 하늘에서 내려오지 않는다. 매일 새벽에 일어선 두 발이 만든다."

— 거의 다 왔습니다. 마지막까지 함께 가겠습니다.

일차	날짜	기상 시간	✔	오늘 한 줄
57일	/	:	○	
58일	/	:	○	
59일	/	:	○	
60일	/	:	○	
61일	/	:	○	
62일	/	:	○	
63일	/	:	○	

✦ **9주차를 마치며:**

7일 중 ________일 성공.

이번 주 나에게 한마디:

"어제보다는 나아질 수 있지 않을까. 이 한 문장이면 충분하다."

일차	날짜	기상 시간	✔	오늘 한 줄
64일	/	:	○	
65일	/	:	○	
66일	/	:	○	

3구간 완료 (43일~66일)

- 자동화의 시기를 통과했습니다.

- 24일 중 _________일 성공.

- 알람 없이 눈이 떠진 날이 있었습니까? ☐ 예 ☐ 아니오

- 그 아침은 어떤 느낌이었습니까?

완주일: _____________년 ______월 ______일

66일 중 성공한 날: ______일

해냈습니다.

66일 전, 이 소책자의 첫 페이지에서 약속을 쓰던

그날의 당신과 지금의 당신은 같은 사람입니까?

아마 다를 겁니다.

눈빛이 달라졌을 겁니다. 아침이 두렵지 않아졌을 겁니다.

작은 것이지만, 스스로에 대한 믿음이 생겼을 겁니다.

'나도 할 수 있구나'라는 그 감각. 누가 가르쳐준 것이 아니라,

당신이 매일 아침 직접 증명해낸 것입니다.

✦ 66일의 나에게 — 첫 페이지의 약속을 다시 읽어보세요.

"내가 새벽을 시작하는 이유"를 다시 읽었을 때, 어떤 마음이 듭니까?

____

____

____

✦ 66일 전의 나에게 — 과거의 나에게 한마디를 건넨다면:

____

____

____

✦ 67일째 아침의 나에게 — 이제 어떻게 살아가시겠습니까:

____

____

____

✦ 66일 동안 가장 기억에 남는 새벽:

______일차, 그날의 기록:

____

____

____

✦ 66일 동안 읽은 책:

✦ 66일 동안 나에게 생긴 가장 큰 변화:

그 다음의 새벽

66일이 끝났다고 끝이 아닙니다.

오히려 시작입니다.

66일은 습관이 만들어지는 시간이었고,

이제부터는 그 습관이 당신을 만드는 시간입니다.

저도 66일째 되던 날, 특별한 감흥은 없었습니다.

왜냐하면 그때쯤이면 새벽에 일어나는 것이

양치질처럼 자연스러워지거든요.

별것 아닌 것처럼 느껴질 수 있습니다.

하지만 6개월 뒤 뒤돌아보면,

그 '별것 아닌 것'이 만든 변화에 놀라게 될 겁니다.

지금 당장 느끼지 못해도 괜찮습니다. 계속 일어나세요.

새벽은 배신하지 않습니다.

— 새벽에, 단희쌤

✦ **나의 새벽 메모**

이 페이지는 당신의 것입니다. 66일 동안 떠오른 생각, 아이디어, 다짐, 감사한 것, 무엇이든 자유롭게 적어주세요.

✦ **나의 새벽 메모**

이 페이지는 당신의 것입니다. 66일 동안 떠오른 생각, 아이디어, 다짐, 감사한 것, 무엇이든 자유롭게 적어주세요.

"불안은 잘못 살아서 오는 것이 아니라, 아직 포기하지 않았다는 신호다."

"기다리지 마. 써."

"당신이 바로 다음 주인공입니다."

"새벽은 배신하지 않는다."

단희쌤의 새벽 수업

ⓒ 단희쌤(이의상)

초판 1쇄 인쇄 2026년 4월 12일

지은이 단희쌤(이의상)
기 획 조영훈
편 집 조영훈
디자인 김지혜
마케팅 정호윤, 김민지, 송유경, 김은주, 최서환
펴낸곳 모티브
이메일 motive@billionairecorp.com

ISBN 979-11-24370-25-4 (03190)